AF216853

Gewidmet

der großen Zahl von Querdenkern, Vernet-
zern und Gestaltern menschenwürdiger Gesellschaft,

die tatkräftig die Hoffnung eines

ANNO HOMINI in die Welt tragen

Josef Hülkenberg

Empörung allein schafft kein Gemeinwohl

Reflexionen und Impulse abseits betreuten Denkens

www.tredition.de

© 2012 Josef Hülkenberg

Umschlaggestaltung, Illustration: Josef Hülkenberg
Titelfoto: Logo der INITIATIVE ZUKUNFT

Verlag: tredition GmbH
978-3-7439-2743-8 (Paperback)
978-3-7439-2744-5 (Hardcover)
978-3-7439-2745-2 (e-Book)
Printed in Germany

Bibliografische Information der Deutschen Nationalbibliothek:

Die Deutsche Nationalbibliothek verzeichnet
diese Publikation in der Deutschen Nationalbiblio-
grafie; detaillierte bibliografische Daten sind im
Internet über http://dnb.d-nb.de abrufbar

Inhaltsverzeichnis

Große Politik

Viele **große** Männer
und wenige **große** Frauen
aus **großen** Unternehmen,
großen Organisationen
und **großen** Parteien
beraten sich auf **großen** Konferenzen
um für **große** Probleme
große Lösungen zu erfinden.

Mit **großen** Worten
und **großen** Gesten
werden **große** Erklärungen unterzeichnet,
deren Umsetzung sich als **großer** Flop erweist.

Die **großen** Irrtümer dieser **großen** Politik
sind eine **große** Gefahr
für die **große** Zahl derer,
die ihren **großen** Buckel hinhalten:
die „**kleinen**" Leute.

Menschen brauchen Visionen

Wer Visionen hat sollte zum Arzt gehen", maulte Helmut Schmidt als Bundeskanzler. Ihn prägte die Erfahrung der Vision eines 1000jährigen Reiches. „Ohne Visionen verwildert das Volk" wusste schon das Alte Testament (Spr. 29,18), warnte aber auch vor den schrecklichen Konsequenzen falscher Visionen.

Lebensorientierung über den Tag hinaus, Perspektiven für ein lebensförderndes Miteinander, sinnvolle und werthafte Gründe für ein gesellschaftliches Engagement – solche Visionen braucht jede Gesellschaft zur humanen Entwicklung.

Visionen brauchen Menschen

Doch Visionen wirken nicht aus sich selbst heraus. Nötig sind Menschen, die die Perspektiven entfalten, sie auf den konkreten Lebensvollzug anwenden und so das gesellschaftliche Miteinander prägen.

So handelnde Menschen leben überall im Land, sie sind der Sauerteig der Gesellschaft. Und doch bilden sie ein Paradox: sie machen zwar die Folgen politischer und wirtschaftlicher Entwicklungen erträglich, gestalten sie aber nicht. Noch ist das Engagement von über 23 Millionen Bundesbürgern mehr ein Schutzfilter gegen politische „Reformen" als eine politisch-soziale Gestaltungskraft.

Ideen und Visionen

Auch wenn zwei dumme Ideen zusammenstoßen, kann daraus etwas entstehen, was Hand und Fuß hat. Jede Hebamme kann das bestätigen.

„So ein Blödsinn, was die da oben wieder machen."

Belassen wir es nicht beim Schimpfen, so werden Ideen geboren, Phantasien besserer Lösungen. Leider nur selten werden diese Phantasien weiter verfolgt.

- Es hat ja doch keinen Zweck.
- Die machen ja doch, was sie wollen.
- Dagegen kommt man ja doch nicht an.

Die Wenigen, die ihre unkonventionellen Ideen in größerer Runde oder gar öffentlich einbringen, werden vorschnell und massiv an die Konventionen erinnert.

- Das deckt sich nicht mit unserem Programm.
- Nun bleib mal reell und trau den Experten.
- Hast Du das auch genügend durchdacht?

Effizient sieben Bundesbedenkenträger vieles aus, was Unruhe in den „geplanten Lauf der Dinge" bringt.

Kreative Ideen zur gesellschaftlichen Entwicklung finden so nur ein unzureichendes Wachstumsfeld.

Empörung formt sich

Wahlnachlese SH/NRW

Die Wähler waren gerufen, in Schleswig-Holstein und NRW. Knapp die Hälfte folgte dem Ruf und bestimmte seine politische Präferenz.

Die schwarz-gelbe Politik capital-demokratischer Union und finanz-dokrinärer Partei wurde als gegen die Bürgerinteressen gerichtet abgestraft.

Rot/Grün fand Zustimmung als vermeintlicher Hoffnungsträger sozialer Gerechtigkeit in ökologischer Nachhaltigkeit.

Wie hätten sich die Wähler verhalten, wüssten sie um die bestimmenden hintergründigen Machtinteressen jenseits der demokratischen Einflussnahme? Wenn ihnen transparent würde, wer unser Leben auf ökonomische Verwertung zu reduzieren sucht? Wer systematisch Kommunen, Länder und Staaten enteignet; wer dieses Monopoly politisch gedeckt, staatlich gestützt und gesetzlich geschützt gegen die Völker spielt?

Verantwortbare Stimmabgabe?

„Ein Urnengang ist ein Begräbnis.", kalauerte mein Neffe doppelsinnig. Mir fielen die vielen Urnengänge ein, zu denen ich im Laufe meines Lebens gerufen war. Nicht zum Friedhof und doch mehrfach vorzeitig und unplanmäßig.

Die ersten Stimmzetteleinwürfe in die Urne verband ich noch mit der Hoffnung auf politische Einflussnahme – das war einmal. „Wenn demokratische Wahlen etwas bewirken würden, wären sie längst abgeschafft.", soll Horst Seehofer einmal gesagt haben.

Ohne die verständliche Resignation der wachsenden Zahl der Nichtwähler zu teilen, sind mir deren Gründe doch sehr verständlich.

Die vollmundigen Wahlversprechen überstehen nicht einmal die Bekanntgabe der ersten Hochrechnungen. In den Ritualen späteren Koalitionsgerangels erfolgt ihre Beisetzung. Urnengänge sind Begräbnisse, wusste mein Neffe.

Kann denn Otto Normalwähler der Verantwortung seiner Stimmabgabe gerecht werden? Wie kann er sich über die Werbebroschüren und Wahlversprechen hinaus an der Qualität vorgeschlagener Kandidaten orientieren? Wie soll er diese Qualität erkennen?

Sind die zur Volksvertretung Vorgeschlagenen wirklich wählbar als Bürgerinteressen vertretende Kandidaten? Oder sind sie doch nur kandidierende Früchtchen, aus strategischem Kalkül von den Parteiobristen ins Feld geschickt?

Wenn Kandidat 1 auch kompetent im Themenfeld A wirkt, wie verhält er sich in dem ihm fremden Themenfeld C? Was macht er dann mit dem ihm vom Wähler ausgestellten Blanko-Scheck – Stimmübertragung auf die Fraktionsführung?

Wer hilft dem ge- und überforderten Wähler zur verantwortbaren Stimmabgabe?

Sparzwang

Der Finanzwissenschaftler Bernd Senf: „Geld ist das Blut des Wirtschaftskreislaufs", Hartz, Rürup, Herzog, Eichel etc.: „Wir müssen radikal sparen, weil kein Geld da ist!"

Was wären das für Ärzte, die ihren Patienten Muskeltraining verschrieben, die Leukämie aber verschwiegen? Doch unsere Politiker gleichen jenen, die dem Patienten einen Aderlass verordnen zur Eigenblut-Behandlung seiner Anämie.

Kompetent?

Zu einem TRIMULA-Turnier entsandt, packen Parlamentarier ihre klassischen Mühlebretter aus, mischen die MAU-MAU - Karten und dünken sich Weltpolitiker, weil dieses Spiel in moderner Fassung auch **UNO** heißt.

Trimula – Mühlespiel auf 3 Ebenen

Spekulanten wollen kein Gemeinwohl

Der Verkauf dem Gemeinwohl dienender Infrastrukturen (Stadtwerke, Verkehrsbetriebe, Entsor-
gungsunternehmen etc.) an Privatinvestoren kann
nicht im Interesse der Bürger liegen.

Von der Sache her sind Spekulanten nicht am Gemeinwohl interessiert, sondern an der größtmögli-
chen Rendite ihrer Investition.

Welcher sinnvoll sein Haus verwaltende Mensch
(also ein Ökonom) würde sein eigenes Haus verkaufen, um gegen hohe Miete das Recht zu erwer-
ben, darin wohnen zu bleiben?

Politiker, die im Interesse der Investoren solche
Entwicklungen fördern, unterlaufen das Gemeinwohl und sollten von den Bürgern zur Rechenschaft
gezogen werden. Politiker, die solche Zusammen-
hänge nicht erkennen, sollten wegen Dummheit
von ihrem Mandat befreit werden.

Es ist an der Zeit, Gemeinwohl sichernde Infrastrukturen als Bürgereigentum vor den Politikern
zu schützen. Sie, die dieses Eigentum treuhänderisch zu verwalten hätten, verschleudern es als Ta-
felsilber. Genossenschaftliche Vereinigungen, denen das Eigentum grundrechtlich verankert wird,
bieten besseren Schutz vor derartigem Ausverkauf.

Klassengesellschaft am Ende?

Wie schön klang es noch vor Jahren. Endlich sei die Proletarisierung überwunden, die Sozialpartnerschaft habe in Deutschland zum Ende der Klassengesellschaft geführt.

Heute wird es besser erkennbar: die als „Wohlstandsgesellschaft" deklarierte Konsumkultur hat uns die Sinne verkleistert. Die Sozialpartnerschaft erweist sich heute als „Konzept friedlicher Koexistenz" der Freien-Markt-Kapitalisten im ideologischen Wettbewerb mit den Staatsmonopol-Kapitalisten sozialistischer Gesellschaften.

Der ökonomische Zusammenbruch der sozialistischen Staaten ließ dem imperialen Streben des Kapitals nunmehr freien Raum. Die vorgebliche Sozialpartnerschaft war nun nicht mehr nötig, weil Renditen hemmend.

Zuvor vereinbarte sozialpolitische Errungenschaften werden nun per „Reformpolitik" über Bord geworfen.

Sozialpartnerschaft

Die Idee der Sozialpartnerschaft, tragend und erfolgreich in der Nachkriegs- und Aufbauphase erweist sich heute als nicht mehr haltbar.

Seit Beginn der immer noch drückenden Massenarbeitslosigkeit in den 1970er Jahren, verstärkt seit dem Ende des kommunistischen Gegenmodells 1989, stehen die erwerbsabhängigen Arbeiter und deren Organisationen unter ständig zunehmendem Druck der arbeitgebenden Sozialpartner.

Profitverpflichtete Manager im Auftrag anonymer Stakeholder führen die „Soziale Marktwirtschaft" als zahnlosen Papiertiger vor, demontieren bewusst den „Maschendrahtzaun vor den Gefahren des Kapitalismus" (O. von Nell-Breuning).

Die sich der Sozialpartnerschaft verpflichteten Arbeiterorganisationen zeigen sich orientierungslos. Weder liberale noch sozialistische Konzepte lösen den Konflikt um die „menschenwürdige Bewirtschaftung des Humankapitals".

Die Befriedung der erwerbsabhängigen Massen durch Tittitainment, kauflustförderndes Trendsetting in Mode, Technik und Billigtourismus werden flankiert durch arbeitsunabhängige, aber auch einspruchslose Einkommen via Hartz-Agenda oder bedingungslose Grundeinkommen.

Eine der reichsten Gesellschaften dieser Erde leistet sich die Schande, einen Großteil des Volkes aus dem eigenen existenzsichernden und sinnstiftenden Arbeitsvollzug auszusperren.

In der Hatz nach dem Profit Weniger nimmt sie die Neuauflage eines verwahrlosten Lumpenproletariates in Kauf, vernebelt durch neue Wortspiele wie Prekariat oder vererbte Hartz-Biographien.

Im stets lauter werdenden Ruf nach Ethik werden helfende Positionierungen erbeten. Noch ist nicht erkennbar, dass Sozialverbände und Gewerkschaften ihre eigenen Grundannahmen zur „Sozialpartnerschaft" aufgeben und sich dem kapitalismuskritischen Zweig christlicher Soziallehre öffnen.

❖ **Erst wahr genommene Wirklichkeiten lassen sich gestalten.**

Horror oeconomicus

„Schöpfung" nennen wir, was in millionenalter Urzeit, weit vor dem Auftauchen der Menschen entstand und noch immer und immer wieder neu im Werden ist.

Schöpfung, die unsere Lebensräume prägt, uns im Übermaß mit allem versorgt, was wir zum Leben brauchen und durch Kultivierung zur Entfaltung des Lebens nutzen können.

Die Fülle der Schöpfung reicht aus, allen Menschen ein würdiges Leben zu ermöglichen, doch nach einem Wort des Mahatma Ghandi ist sie zu wenig für die Habgier auch nur eines Menschen.

Selbst wenn wir immer mehr von der Geschichte dieser Schöpfung erforschen und verstehen, wird das, was wir wissen, wohl jederzeit hinter dem Nichtwissen und Spekulativen zurückstehen.

Die relativ kurze Geschichte des Menschen in der gesamten Erdgeschichte zeigt deutliche Spuren. Pflanzen- und Tierwelt sind weiterhin deutlich als Teile des beständigen Schöpfungs- und fremden Aktionsprozesses wahrzunehmen. Der homo sapiens aber nahm und nimmt über die auch ihn tragende Schöpfung Eigentums- und Herrschaftsrechte in Anspruch.

Destruktive Charakterzüge, dem Menschen seit jeher eigen, schädigen das komplexe Balancegefüge der Natur über Gebühr: unbändiger Machtwille und Habgier.

Als Theoriemodell des homo oeconomicus wurde die frühere Todsünde salonfähig und zum Maßstab modernen Wirtschaftens.

Heute können wir die Spuren der Verwüstung sehen, die der Siegeszug des homo oeconomicus in Naturen und Kultur anrichtete. Allerdings braucht es dazu Mut. Mut, vorherrschende Ideologien in kritischer Distanz anzuschauen und Mut, die eigenen diesbezüglichen Überzeugungen in Frage zu stellen. Es braucht Bereitschaft, die Abgründe menschlichen Verhaltens anzuschauen. Was als roter Faden der Kapitalismusgeschichte erscheint, ist die Blutspur der Profitmaximierung.

Vorherrschende Ideologien sind deswegen vorherrschend, weil sie Denken und Empfinden gesellschaftlicher Mehrheiten prägen. Vor allem aber, weil die Regeln zwischenmenschlichen Handelns von ihnen bestimmt werden. Dies muss nicht einmal dem Willen der gesellschaftlichen Mehrheiten entsprechen. Es reicht, wenn diese sich ihnen beugen. Subtile und offener Gewalt nutzen die Herrschenden, um ihrer Herrschaft und die Geltung ihrer Ideologie zu sichern.

Konsequent unethisch

(2008 verlagerte NOKIA die Produktion von Bochum nach Rumänien)

Wieder fließen Tränen

- Sorgentränen bei den um ihre wirtschaftliche Existenz gebrachten Lohnarbeitern des Handy-Konzerns,
- Freudentränen bei den Eigentümern dieser Firma über den verbuchten Rekordgewinn,
- Krokodilstränen bei den Politikern über die Verletzungen der „Sozialpartnerschaft".

In jedem Fall haben die Tränen ihren Grund, sogar einen gemeinsamen Grund: Geldwesen und Eigentumsrecht, welches den Geldbesitzern ihre arbeitsfreien Einkünfte zu Lasten der den Wirtschaftswert erarbeitenden Menschen ermöglichen. Dieses traditionelle Eigentumsrecht entzieht Milliarden Menschen die Verfügungsgewalt über jene Arbeitsmittel und Arbeitsbedingungen, die sie benötigen, um durch eigene Arbeitsleistung ihre Existenz zu sichern. Stattdessen erlauben die Zustände es wenigen diese Arbeitsmittel besitzenden Personen, die besitzlosen Erwerbsabhängigen zu eigenem Gewinn zu verdingen und zu bewirtschaften.

Unter verschiedenen Bezeichnungen gingen die Varianten dieser Bewirtschaftung des Humankapitals in die Menschheitsgeschichte ein: Sklaverei,

Leibeigenschaft, Proletariat oder in heutiger Sprache als Prekariat. Auch modernes Arbeits-, Sozial- und Tarifrecht kann nicht darüber täuschen, dass es im Kern um die Begrenzung von Auswüchsen bei gleichzeitigem Schutz des geltenden Systems geht.

Der Versuch einer friedlichen Koexistenz zwischen der Klasse der Arbeitsmittel-Eigentümer einerseits und jener der produktionsmittellosen Erwerbsabhängigen andererseits bestimmt die bundesrepublikanische Nachkriegspolitik. Doch in jeder Krisenlage erweist sich diese Sozialpartnerschaft so wertvoll wie eine Fusion von Huhn und Schwein zur Produktion eines „Strammen Max".

Massenarbeitslosigkeit und Sozial-„Reformen" seit über dreißig Jahren sind der Preis, die Entwicklung einer neuen feudalen Luxusszene der Erfolg dieser Schein-Partnerschaft. Zum eigentlichen Wunder der „Sozialpartnerschaft" gehört die Duldsamkeit der um ihren vollen Arbeitslohn übervorteilten Erwerbsabhängigen. Zu den Betreibern dieses Wunders gehören all jene gesellschaftlichen Kräfte, die den aus römischer Zeit stammenden Eigentumsbegriff der ethischen Diskussion entziehen und in der Rechtsordnung gegen die Massen der Erwerbsabhängigen durchsetzen.

In jeweils gegebener Situation mag es opportun erscheinen, sich über NOKIA, Siemens, VW oder einen sonstigen Globalplayer zu entrüsten. Doch leider nutzen deren Entscheider nur die ihnen zugebilligten Rahmenbedingungen, wenn auch konsequent unethisch. Solange unsere Rechtsordnung die Bewirtschaftung von Menschen zum Profit der Geldbesitzer schützt, werden Tränen fließen:

- Tränen der Wut und Sorge bei den Düpierten,
- Freudentränen bei den Marktgewinnern,
- Krokodilstränen bei den Repräsentanten unserer Gesellschaft.

Nachtrag 2011: NOKIA beschließt, das neue Werk in Rumänien zu schließen.

Unethische Strukturen

Der Ethik widersprechende gesellschaftliche Strukturen sind auch eine Folge geschichtlicher Gewalt- und Machtverhältnisse. Mitverantwortlich sind neben den Akteuren der Macht auch die Massen der Übermächtigten.

Ergaben sich die einen in ihr Geschick, begründeten andere solches Geschick als „seit jeher üblich" oder gar als „gottgegeben".

Kapitalismus ist Herrschaftsordnung

Viele Menschen glauben, ökonomische Effizienz sei typisch für den Kapitalismus.

Viele Menschen glauben, freie Marktwirtschaft sei ein Grundmerkmal des Kapitalismus.

Viele Menschen glauben, Wohlstand für breite Massen sei Leistung des Kapitalismus.

Ist es nicht faszinierend, was man die Menschen glauben machen kann? Ein Kompliment den Ideologen, Apologeten und Propheten des Kapitalismus.

Sie erzählen den Menschen, der Kapitalismus sei die Wirtschaftsordnung der Freiheit. Dabei verbergen sie geschickt die Herrschaftsordnung der Geldmacht. Unbeschadet aller analytischen Literatur gelingt es ihnen, den ausgebeuteten Bevölkerungsgruppen die kreditgestützte Enteignungsstrategie als „Verschuldungskrise" zu verkaufen.

Sie haben einen tollen Sieg errungen, die Welt zum Tollhaus gemacht.

Trotz weltweiter Ausbeutung, Plünderung sozial- und kulturpolitischer Errungenschaften, trotz Kinderarbeit und Lohnsklaventum hält die Mehrheit der Bevölkerung westlicher Staaten und zunehmend der „Dritten Welt" am kapitalistischen

Grundkonzept fest. Die desaströsen Auswirkungen kapitalistischen Wirtschaftens schreiben sie perfiden Auswüchsen zu, die es zu bändigen und vermeiden gelte.

Denn sie wollen behalten, was sie als gute Instrumente gesellschaftlichen Wirtschaftens erfahren haben: freier Markt, ökonomische Effizienz, soziale Absicherung durch Arbeit und Einkommen, Wohlstandssicherung und –entwicklung für die breiten Völker.

Doch um das behalten zu können, ist die klare Einsicht nötig:

All das ist erst in Wirtschaftsordnungen möglich, die nicht den Bedingungen der Kapitalgeber auf arbeitsloses Einkommen durch ungerechtfertigte Wertabschöpfung unterworfen sind - dem Profitvorbehalt des Kapitals.

Kooperative, sozialökonomische und genossenschaftliche Unternehmen belegen immer wieder neu ihre wirtschaftliche Leistungsfähigkeit. Mit ihrem Wirken leisten sie Beiträge zum Gemeinwohl. Sie zeigen, dass und wie es möglich ist, den Einsatz von Geldmitteln, Arbeits- und Produktionsmitteln mit dem wirtschaftlichen Leistungs- und Einsatzwillen der Menschen zu verbinden und den gemeinsam erarbeiteten Mehrwert gerecht auf alle Leistungsbeteiligten zu verteilen.

Zum „Kapital" werden die eingesetzten Mittel erst dann, wenn sie vom „Kapital"-Eigner unter der

Bedingung eingesetzt werden, einen über die eigene Arbeitsleistung hinausgehenden Anteil am Erlös zu bekommen. Dieser „arbeitslose Profit" als Vorbehalt für eine Zusammenarbeit ist ein Herrschaftsinstrument, je mehr die zur Mit-Arbeit Willigen selbst besitzlos an den zum Arbeitsprozess notwendigen Mitteln sind. Je größer der Kreis der Besitzlosen, umso stärker die Beherrschungsposition des Eigners.

Er bestimmt die Bedingungen, ob und wie gearbeitet wird.

Er entscheidet, wer was von Erlös erhält.

Er entscheidet, wie und wo er sein wachsendes Kapital anlegt.

Er diktiert die Bedingungen, nach denen jemand Kapital erhält.

Er kontrolliert den Fluss des Kapitals und der Zinsen.

ER diktiert die zur Zinszahlung nötigen Einsparungen und Reformen.

ER beherrscht seine Kreditnehmer und Schuldner, seien es Personen, Unternehmen oder Staaten.

ER herrscht!

ER demontiert Demokratie und Gemeinwohl?

Piraterie am Roten Meer

Reisen bildet. Es war eine Kulturreise den Nil entlang, im Schatten alter Tempel und Pyramiden.
Noch war nichts zu spüren vom arabischen Früh-
ling, der wenige Wochen später durch die arabischen Länder stürmende „Facebook"-Revolution.
Die gebuchten Tage der Entspannung nach intensiver Kulturreise begannen jedoch mit schrillem
Missklang. Angekommen in Hurghada nach halb-
tägiger Busfahrt wurden die Einzelzimmer-Bucher
der Reisegruppe mit der Leistungsverweigerung
des Hotels „Grand Seas Resort" konfrontiert.

Systematische Piraterie

Diese Leistungsverweigerung hat Methode. Dop-
pel- und Mehrfachüberbuchungen vorhandener
Kontingente werden in weit höherem Maße vorge-
nommen, als der kalkulatorische Ausfall von Kun-
denbuchungen dies zulässt. Systematisch und bewusst wird der Vertragsbruch nicht nur billigend in
Kauf genommen, sondern gezielt ins profitgierige
Kalkül gesetzt.

Überbuchungen sind im Prinzip zulässig, da auch
Buchungsausfälle vorkommen. Selbst zurückhal-
tende und sorgfältig kalkulierte Überbuchungspra-
xis kann im Einzelfall zu Störungen und Billi-
gungskonflikt führen. Hätten nur einige Doppelzimmer nicht zur Verfügung gestanden, wäre diese

„Panne" hingenommen worden, wenn auch mit Verärgerung der Betroffenen. Doch dass stichgenau 22 Doppelzimmer fehlen und ebenso stichgenau 11 Suiten als Ersatz zur Verfügung stehen, lässt sich vernunftbegabten Menschen nicht als „zufällige Panne" vermitteln. Denn solch „bedauerliches Versehen" rechnet sich.

Kalkulierte Abzocke
Basierend auf den offiziellen Preisangaben des Hotels ergibt sich allein aus dem Vertragsbruch an unserer Reisegruppe ein Gewinn für das Hotel von über 6000 €.

		DZ als EZ	DZ als DZ	Suite	Tages-Einnahme	Gesamt-Einnahme
Zimmerpreis		65,00 €	100,00 €	120,00 €		
Bei Vertragserfüllung für 22						
EZ-Buchungen						
Zimmereinnahmen	22	1.430,00 €	- €	- €	1.452,00 €	
Anzahl gebuchter Nächte	5					7.260,00 €
Bei Vertragsbruch						
Zimmereinnahmen						
durch Belegung der						
freigemachten DZ	22	- €	2.200,00 €	- €		
durch "Alternativ-Angebot"	11	- €	- €	1.100,00 €	3.300,00 €	
Anzahl gebuchter Nächte	5					16.500,00 €
Mehr einnahme durch						
Vertragsbruch						9.240,00 €

	Einmalzahlung	von HP auf VP (4*10€)	City-Tour	Gesamt	
Erstattungsangebot					
angeblicher Wert	65,00 €	40,00 €	30,00 €	135,00 €	
Personenzahl	22				2.970,00 €

Im Fallbeispiel						
Gewinn aus kalkuliertem						
Vertragsbruch						**6.270,00 €**

WTO lässt grüßen

Die schwer vermittelbaren Leerstände an Suiten erzielen so immerhin die Einnahme des DZ-Preises. Die frei gewordenen Doppelzimmer lassen sich ohnehin problemlos belegen.

Die angebotenen Ersatzleistungen erreichen mal gerade die Kategorien „Peanuts" oder „Augenwischerei". Bei genauerem hinsehen erweist sich das unwürdige Spiel mit den Kunden als Freibeuterei in den Rahmenbedingungen der Welt-Handels-Organisationen (WTO).

Komplizenschaft der Reiseagentur

Der die Gruppe begleitende Reiseleiter wurde ebenso wie der Leiter der Reisegruppe an der Hotelrezeption von den Vorgängen überrascht. Der örtliche Repräsentant der Reiseagentur befand es nicht für nötig, seinem Kollegen zur Seite zu stehen. Erst Stunden später erschien er, um sein Standard-Begrüßungsritual für die „lieben Gäste" abzuspulen. Dabei verfiel er in die Peinlichkeit, seine Notfall-Nummer anzugeben, denn er sei immer für seine „lieben Gäste" da.

Mit „Sie müssen aber verstehen" versuchte er, die entgegengebrachte Kritik zu zerstreuen. Immerhin gab er zu, dass der „Buchungskonflikt" der Agentur seit mindestens zwei Tagen bekannt gewesen sei.

Warum Reiseleiter und Reisegruppe nicht informiert wurden, war er zu antworten nicht bereit. Zur berechtigten Vermutung, die Reisenden hätten sich sonst eine Änderung im Reiseplan durchgesetzt und sich der Erpressung entzogen, verweigerte er jede Äußerung.

Solidarität im Hühnerstall

Die Reaktionen der Betroffenen auf die Nichtleistung des Hotels und die angebotene Schein-Alternative war verständlich emotional. Die aalglatte „Sachlichkeit" der Hotelsprecher, das Desinteresse des örtlichen Agenturvertreters sowie die despektierliche Behandlung der „Gäste" als Störelemente in der Profitmaschinerie gestalteten die gesamte Szene zur nachhaltigen, unwürdigen Kränkung.

Mit maskenhafter Freundlichkeit wurde den „lieben Gästen" die Pistole auf die Brust gesetzt. Vogel friss oder stirb, hieß die Devise. Im standardisierten Beschwerdeprotokoll der Reiseagentur sollten zwar die vorgetragenen Mängel benannt werden, dem zuständigen Reiseleiter wurde jedoch ausdrücklich untersagt, die Fakten zu bestätigen. Erstaunlich und erfreulich, dass trotz aller Aufgeregtheit die Betroffenen der Reisegruppe sich zu einer einheitlichen Position zusammenfanden. Damit erreichten sie, dass der örtliche Vertreter der Reiseagentur die Klagen nicht als „vorgetragene Beschwerde" protokollierte, sondern als „Sachverhalt" notierte und mit seiner Unterschrift ausdrücklich bestätigte.

Da keine Möglichkeit der Abreise oder des Wechsels in ein nahe liegendes Hotel bestand, zogen die Betroffenen zwar zu zweit in die zu Doppelzimmern umgewidmeten Suiten, wiesen aber unisono die angebotenen Ersatzleistungen ab. Auf dem Rechtsweg seien nun die weiteren Vorgänge zu klären.

Rechtsweg als Hornberger Schießen?

War nach zwei Tagen auch der Ärger nicht verraucht, so hatte doch die emotionale Aufgeregtheit einer rationalen Überlegenheit wieder Raum gelassen. Dabei schob sich die bittere Erkenntnis in den Vordergrund, dass ein Rechtsstreit um diesen Vertragsbruch dem sprichwörtlichen „Hornberger Schießen" gleichkäme.

Die psychische Belastung solch langwieriger Verfahren würde die bisherige Urlaubsfreude nur nachträglich vergällen. Ob sich ein entsprechendes Engagement unter Einsatz eines Anwaltes selbst bei positivem Urteilsspruch „rechnet", schien mehr als fraglich.

So nahmen die geprellten Reisenden nun die vom Reiseleiter ausgehandelte Zahlung von jeweils 120 € als einmalige, abschließende Ausgleichszahlung an. Wieder einmal und sicher nicht letztmalig ist der freibeuterische Coup mit der Doppelbelegung gelungen. Während unseres viertägigen Aufenthaltes erfuhr ich von drei weiteren Reisegruppen, mit denen als „liebe Gäste" das gleiche Spiel getrieben wurde.

Beute falsch investiert

Würde die Beute solcher Abzocke wenigstens dazu verwandt, das Personal auszubilden und den Service zu qualifizieren. Dann ließe sich das Ganze noch als unfreiwillige „Investitionen ins Schwellenland" verarbeiten. Doch davon keine Spur.

Der Restaurantbesuch wird zum ständigen Hindernislauf für die Hotelgäste. Unkoordiniert und an Effizienz anscheinend desinteressiert wuseln Saisonbedienstete zwischen Tischen und Gängen, während die Gäste aufgeregt versuchen, sich das zur Mahlzeit benötigte Geschirr und Besteck zusammen zu klauben.

Aggressive Grundstimmung der zur Entspannung angereisten Gäste geht mit der zur „Scheiß-egal"-Mentalität mutierten Inschallah-Einstellung des Personals eine unheilvolle Liaison ein. Zur Entladung der explosiven Spannung kommt es jedoch nicht, da die Verweildauer der Gäste und die Umschlaghäufigkeit der Reisegruppen die täglichen Beschwerden ins Leere laufen lassen.

Rückkehr zum Alltag?
Und damit kehrt der Alltag ins Touristikleben zurück?

- Ja, wenn die Reisenden die Erfahrungen des konkreten Einzelfalls als solchen abhaken und sich nicht um die dahinter stehende Systematik kümmern.

- Ja, wenn die zigtausend Opfer solch profitgeiler Freibeuterei sich weiterhin einreden (lassen), da könne man doch nichts machen – denn Geld regiere die Welt.

Es ist solche resignative Ergebenheit in eine Menschen verachtende, ausbeuterische Wirtschaftsordnung, die den Freibeutern ihre Spielräume lässt und ständig neue eröffnet.

Systemische Lösungen gefordert

Würden die Freibeuter-Prisen tatsächlich zur Ausbildung und Qualifizierung des Personals bzw. der Bevölkerung verwandt, ergäbe sich am Ende der ökonomischen Perversion noch eine Robin-Hood-Strategie. Würde eine solche Strategie umgewandelt in eine Strategie des „Fair Trade", stünden wir selbst vor dem Paradox:

- eine ehrliche, faire Preisgestaltung würde den kulturellen und sozialen Anliegen im Gastgeberland gerechter
- solche Preisgestaltung schlüge direkt belastend auf unserer Portemonnaie durch; auf die Reisekassen all jener, die mit „Alles, aber billigst" den Nationen-Titel als „Reiseweltmeister" eroberten und verteidigen wollen.

Im Aneignungsmodus „Alles, aber billigst" sind wir zwar Opfer, doch zugleich Triebkräfte im ausbeuterischen Teufelskreis. Unsere eigene Gier wird gefördert und geschickt genutzt von denen, die durch cleveres, skrupelloses Agieren ihren „profitablen Schnitt" machen.

Jammervolles Klagen aktuell betroffene Opfer, scharfsinnige Analysen oder auch der fundierte Ruf nach „Anständigem Wirtschaften" (Hans Küng) durch moralisch und ethisch integere Führungskräfte greifen zu kurz und lösen keines dieser Probleme.

Bändigung durch Viergliederung

Erst die tiefe Einsicht in die den Menschen immanente, also innewohnende Logik sozialen Handelns und die im reflektierten zwischenmenschlichen Handeln sich entwickelnden sozialen Strukturen schaffen eine tragfähige Basis zur systemischen und systematischen Problembearbeitung.

Es ist vordergründig irritierend, dass und wie die „Logik des Sozialen" (1975 erstmalig veröffentlicht) und die daraus in fast 30 Büchern, ungezählten Vorträgen, Vorlesungen und Essays entfaltete „Reflektionslogik" des Sozialphilosophen Johannes Heinrichs publizistisch verschwiegen und im wissenschaftlichen Diskurs missachtet wird.

Bei näherem Hinsehen allerdings wird diese Verweigerung verständlich, wenngleich dadurch nicht berechtigt. Die von Heinrichs vorgestellte Differenzierung zwischenmenschlichen Handelns in vier aufeinander bezogene Eigensphären und die konsequente Weiterentwicklung bis hin zu präzise umschriebenen gesellschaftlichen Subsystemen (Legitimation- bzw. Letztwertesystem, Kultursystem, Politiksystem im engeren Sinne, Wirtschaftssystem), führen bei ihrer Beachtung zu einer Revolution der Demokratie, wirtschaftlich ermöglichen sie den Sprung aus dem Teufelskreis.

Tradierte und manifestierte Herrschaftsstrukturen würden aufgebrochen, gesellschaftliche Prozesse demokratisch kontrolliert; Entscheidungen transparent entwickelt, parlamentarisch legitimiert und in ökonomischer Effizienz realisiert.

Reisen bildet, doch reicht die vermittelte Information über vergangene Kulturen zur Humanisierung
dieser Welt?

Unser Verhalten auf Reisen bildet mit: Kulturen
globalisierter Freibeuterei oder sozialer Entwicklung; Kulturen ökonomischer Untertänigkeit oder
demokratischer Souveränität.

Es liegt auch an uns. Gute Reise.

Selbstverfügung – vom Leben in den Regionen

Globale Welt?

McGlobal? Vielfach scheint es, als sei kulturelle Schablone und Standard Ziel westlicher „Zivilisation". Getrieben von moneytheistischer Crematistik (Aristoteles) verdrängt industrielle Einfalt die kulturelle Vielfalt. Unterschiede kosten, verringern die Geldflüsse in die Kassen der wenigen Ultrareichen. Die Spuren dieser weltumspannenden schablonisierenden Geldmaschine prägen unser Leben und unsere Lebensräume. ALDI-, LIDL-, MEDIA-Märkte und Konsorten gleichen sich, egal in welche Region sie hineingestanzt werden.

Am Ende eines Bummels durch Fußgängerzonen kann man vergessen haben, in welcher Stadt man sich befindet. „Hotel Schwarzwaldhof", „Peking-Restaurant", „Subways" und „Wiener Café" – Ausweis Lübecker Lebensweise? „Paulaner", „Erdinger", „Bitburger" – hanseatische Braukunst?

Die Zentralausstatter europa- oder weltweiter Filialisten und Franchiser werden in ihrer Dekultivierung unterstützt von Bauherren und Baumeistern, die mit Zeitgeist-Architektur „arround the world" ihre Egotrip-Tempel und Baudenkmoloche hinterlassen.

Man könnte geneigt sein, resigniert und fatalistisch zu erkennen: „Ganz Gallien!". Doch der schärfere Blick erlaubt die Rückfrage: „Ganz Gallien?" und Hoffnung keimt auf. Die in die Schablonen gepresste Kultur gebiert Widerstand – und es ist nicht nur ein Dorf mit geheimem Zaubertrank.

Überall in den Ländern, in allen Orten, Städten und Regionen sind die Widerspenstigen aktiv. Eine Mixtur aus Ortsverbundenheit, fachlicher Kompetenz, Zivilcourage und sozialer Fantasie verleiht ihnen Kräfte, den „Cäsaren" Paroli zu bieten. Alte Bausubstanz wird modernisiert, neu gezweckt und befördert so die EigenArt des jeweiligen Stadtbildes. Regionale Kultur wird erinnert, aktuell reflektiert und selbstbewusst geäußert.

Auf der Suche nach dem Nicht-Sichtbaren

Wenn die Häuser, zwischen denen wir stehen, in uns die Ahnung von Klaustrophobie auslösen, stehen wir in Städten wie Leer, Tübingen oder Lübeck wahrscheinlich in einer engen Altstadtgasse und nicht wie in Manhattan, Frankfurt, Berlin oder Tokio in einer Straßenschlucht. Im Panorama der Groß- und Megastädte zumeist unsichtbar geworden, prägen sie in überschaubaren Orten noch das Sichtfeld: Windmühlen, Gotteshäuser oder museale Fabrikschlote. Die Länder sind voll solcher Städte und Ortschaften. Sie haben ihre jeweiligen Eigenarten und Besonderheiten. Viele sind touristisch anziehend. Schöne Landschaften, kulturhistorische Bauten und Innenstädte sind ihr sichtbarer Ausweis. Als Bewohner solcher Stadt gewöhnt man sich an die touristischen Attraktionen. Auch gibt es in anderen Städten viel Anderes zu sehen. Den hinter dem Offensichtlichen verborgenen Gründen, gerade in dieser Stadt zu leben, möchte ich auf die Spur kommen. Sind doch gerade diese Gründe, diese Verwurzelungen im Lebensraum, Basis jeder Gesellschaft und ihrer Struktur. Also frage ich: „Was ist es, dass Ihnen das Leben in dieser Stadt so wertvoll macht?"

Nein zur großen Stadt

Leben hinterm Deich - nicht hinterm Mond. „Die Stadt nimmt mir die Luft", sagt die junge Kellnerin im Hafenkieker von Greetsiel. „Stadtmenschen sind so unruhig und hektisch, alles muss schnell gehen". Ihre Kollegin Elke kontert: „Bin ich etwa hektisch?" Aus welcher Stadt sie denn komme – „Aus Norden, also eine richtige Stadt ist das ja auch noch nicht." Und welches sind die Städte, die die Luft nehmen? Wieder fallen die Namen der Großstädte: „Dort ist alles so riesig, überdimensioniert".
Was macht denn Greetsiel so lebenswert?
„Hier haben wir, was Zigtausende immer wieder zu uns zieht. Klare Luft lockt zu jeder Jahreszeit Asthmatiker. Stammkunden holen sich mehrfach im Jahr in großen Kanistern unser kalkfreies Wasser. Wir haben Weite und grünes Land."
Friesische Pfannkuchen locken ins Café Meeresbrise, dazu noch ein passendes regionales Bier?
Fehlanzeige! Es gibt nur die bundesweiten Standardmarken.
Schade! (Schmeckt trotzdem)

Weil Leer nicht leer ist

„Ich habe zu Beginn diese Stadt gehasst, alles war so anders als daheim in Frankfurt. Aber es lässt sich in jeder Stadt gut leben, wenn das soziale Umfeld stimmt. Persönlich schätze ich heute an Leer, dass Jugendliche, Erwachsene und Alte gut miteinander umgehen, mit hoher gegenseitiger Wertschätzung." Tabea, 12. Klasse Gymnasium, kam aus Frankfurt/Main und lebt seit sieben Jahren in Leer.

„Die Gegend um den Hafen ist sehr naturbelassen. Ich erfreue mich stets an den Kindern, die auf den Rasenflächen und den ufernahen Spielplätzen spielen.", findet Alexandra.

Dübbelt Verstand gefragt

Der Macht der McGlobal-Vereinheitlicher kann sich wohl kein Regional-Zentrum entziehen. Architektonisch passen die Arkaden gut ins Bocholter Stadtbild, verbinden Industriegeschichte mit moderner Handelsstadt. Doch im Inneren des Gebäudes gruselt mich, fühle mich, als müsste ich mich per GPS vergewissern, in welcher Stadt ich denn nun bin. Gestanzte Ladendesigns, jedes Individualismus beraubt.
Einheitsbrei – der Preis für die Kleinpreise!

Nur wenige Meter entfernt vom Konsum-Tempel der Arkaden vergammelt eine Tempelruine. Karstadt und Hertie boten hier über Jahre Waren und Arbeitsplätze. Die Piraten im Arcandor-Management hinterließen eine Investment-Brache und lassen die Immobilie seit Jahren vergammeln.
Brachen entstehen auch bei „normalem" Strukturwandel. Es dauert dann geraume Zeit, bis neue Nutzungskonzepte greifen.
Warum nicht solche Brachzeiten als Bedenkzeit nutzen?
So ließen sich faire Vereinbarungen über eine zwischenzeitliche Nutzung mit kulturkreativen und sozial engagierten Bürgern treffen.
„Ne Bokelts Junge häv dübbelt Verstand" heißt ein lokales Sprichwort.

Warum also nicht

- einer Nutzergenossenschaft das Gebäude zu Selbstkosten vermieten?
- Mit klaren gegenseitige Regeln für den Zeitpunkt späterer Umwidmung verabreden?
- Raum bereitstellen für Ateliers, Werkstätten, Tagungs-oder Sozialräume?
- die Bürger der Stadt als Nutzer durch vertragliche Verpflichtung einbeziehen in einen Ideenwettbewerb zur endgültigen Nutzung des Objektes?
- so in attraktiver Lage ein von Bürgern getragenes Kulturzentrum entwickeln?

Politischer Wille

Politischer Wille ist eine nachwachsende Pflanze. Kultiviert in Freilandhaltung blüht sie häufig und bringt immer wieder neue Früchte hervor. In monopolistischem Schatten, gedüngt mit Doktrinen, verkümmert sie, die mageren Fruchtstempel werden toxisch.

Wer bitte ist DIE STADT?

DIE STADT bestehe auf Räumung, DIE STADT sei nicht an einem sozialen oder kulturellen Projekt interessiert. Der Kölner Baudezernent lehnte als DIE STADT die befristete Zwischennutzung einer Industriebrache ab. Noch aber hat DIE STADT keinen Beschluss gefasst.

Die politischen Beratungen im Rat der Stadt um das fragliche Gelände drehen sich noch um die Aufstellung eines Bebauungsplanes. Die GRÜNEN brachten in die Beratungen den Antrag ein, „preisgünstigen Raum für bildende Künstler in der Planung vorzusehen". Denn, so ihre Begründung, „es sind momentan Künstler auf dem Gelände, die eine Zwischennutzung wahrnehmen". Diese Zwischennutzung unter Führung eines „Landschaftskünstlers" führte in den vergangenen Jahren zur Rekultivierung verwahrloster Freifläche, die dadurch zur Begegnungsstätte kulturell kreativer Bürger wurde. Der von der Stadtverwaltung vorgelegte Entwurf zum Nutzungskonzept integriert dieses Teilstück in die ausgewiesene öffentliche Grünfläche. Eine die Interessen aller Beteiligten zuträgliche Lösung ist in der noch offenen Beratung der kommunalen Gremien ohne großen Aufwand möglich.

Kennt der Kölner Baudezernent den Beratungsstand innerhalb der Stadt nicht oder schert er sich nicht darum? Gründe für seine strikte Abfuhr führte er nicht an, er berief sich auf DIE STADT.

Wer aber ist DIE STADT? Welche Rolle spielen Bürger, Verwaltung oder Rat in der Stadt? Ist DIE STADT ein Gegenüber zum Bürger, eine herrschende Obrigkeit?

Vorbei die Zeit von Gilden, Zünften und Patriziern. Bürger haben sich die Rechte genommen und erkämpft, die Geschichte ihrer Stadt selbst zu gestalten. Der Vorherrschaft der Landesherren entzogen sie sich in der Stadt. Nicht allein die Siedlungsform begründete die „Stadt", Stadtluft machte frei. Freie Reichsstädte gewannen politischen Einfluss. Arbeitskraft, kulturelle und wirtschaftliche Leistungen der Bürger formten das Sozialwesen „STADT".

Wehrhafte Bürger und schützende Mauern sicherten dieses Sozialwesen. Schützende Mauern aber sind auch beengende Mauern. Als diese ihre Verteidigungsfunktion unter neuen Militärtechniken und -strategien verloren, barst so manche große bevölkerungsreiche Stadt und ergoss sich in das angrenzende Umland. Starke Städte verleibten sich ihre Nachbarn ein. Sie erklärten sie zu Stadt-Teilen, ohne dass die Mehrheit der eingemeindeten Bürger teilen wollte. Solche Machtpolitik aus der Fantasie „Volk ohne Raum" zeigt selbst noch 2010 seine Arabesken, wenn etwa Konrad Adenauer (Enkel des gleichnamigen Kanzlers) Kölns benachbarte Städte Hürth, Frechen oder Bergisch-Gladbach „seiner Stadt" einverleiben will. Es wird höchste

Zeit, neu über DIE STADT (exemplarisch auch für Kreis, Land, Staat) nachzudenken.

Soziale Strukturen entstehen im reflektierten zwischenmenschlichen Handeln. Folgen wir dieser Einsicht des Sozialphilosophen Johannes Heinrichs, so sind es die unmittelbar miteinander handelnden Personen, die den Wurzelgrund jedes Sozialwesens bilden. Sozial förderliches, aber auch unwissentlich oder willentlich sozial schädigendes Agieren der Menschen prägt das Verhalten zueinander, dieses wird „kultiviert" und formt Regeln des Miteinanders.

In ihren Bürgern begründet sich jede Stadt. Bürger einer Stadt ist jeder dort gemeldete und registrierte Einwohner. Bewohner einer Stadt, die nicht zugleich Bürger sind, sind aktiv und passiv einem an der Menschenwürde orientierten Gastrecht unterworfen. Jede, erst recht jede größere menschliche Gemeinschaft bedarf und entwickelt Ordnungsstrukturen. So werden Personen ausgewählt und mit treuhänderischer Leitungsfunktion betraut. Ob öffentliches Parlieren unter der Stammeslinde oder moderne parlamentarische Wahlverfahren, im Kern bleibt die treuhänderisch vergebene Ordnungsmacht.

Treugeber sind die Bürger, Treuhänder das Repräsentanzorgan und die von ihm geführte Verwaltung. Die in gemeinschaftlicher Leistung entwickelte Infrastruktur als öffentliches Vermögen bleibt Treuhandvermögen der Bürger. Soweit Idee und

Anspruch, doch wer hält sich schon daran? Wie wir aus der Geschichte erschließen können, wurden die Regeln vergleichsweise selten im reflektierenden Miteinander der Beteiligten entwickelt und beschlossen. Weit häufiger setzten Mächtige ihre Ansprüche zur Sicherung ihrer Herrschaft durch, unterwarfen ihre Mitmenschen und das Sozialwesen ihrem Diktat.

Immer wieder fordert menschliche Schwäche ihren Tribut, übertragene Leitungsfunktion wird missbraucht zur Herrschaft, zur ausbeuterischen Verzweckung von Mitmenschen zu eigenem Vorteil. Vasallen, auf eigene Pfründe im Schutz unzulässiger Herrschaft bedacht, stützen die ausbeuterischen Ambitionen und beteiligen sich an ihnen. Sie prägen die veröffentlichte Meinung, täuschen den Massen der Menschen die Berechtigung der Herrschaftsansprüche vor und „kultivieren" die Erosion grundlegender Werte.

Über die Jahrtausende unserer Menschheitsgeschichte wurde die Vision treuhänderischer Leitung von der Perversion unterwerfender Herrschaft dermaßen überlagert, dass die Herrschaftsperversion als Normalität angesehen und hingenommen wird.

Selbst demokratisch engagierte Mitmenschen fordern „Bürgerpartizipation", statt sich ihrer Treugeberrechte und -pflichten zu erinnern und die zu oft untreuen Treuhänder zur Rechenschaft zu ziehen und an die demokratische Kandare zu nehmen.

Mitglieder des Rates und der Verwaltung sind zu erinnern, wer DIE STADT ist: die Bürger! Wer sich ihnen gegenüber obrigkeitlich vergreift, ist ernstlich auf seine treuhänderische Verpflichtung zurückzuwerfen und - falls uneinsichtig - aus dem Amt zu jagen.

Ein Dezernent, der die noch offenen offiziellen Beratungen in der verfassten Bürgerschaft missachtet, schädigt seine eigene Reputation als Treuhänder.

Bürger andererseits haben zuerst die Pflicht der Partizipation, denn es ist ihre Stadt. Dann erst stellt sich die Frage, in welchen Formen diese Partizipation rechtsgültig wird. Bürger, die sich der Partizipation entziehen, missbrauchen ihre Treugeberpflichten und schaffen neuen Nährboden für Herrschaftsallüren und Obrigkeitsgehabe.

Gute Treuhänder fordern und fördern die Fähigkeiten ihrer Bürger, den Treugeberpflichten nachzukommen. Im pfleglichen, respektvollen Dialog zwischen Treugeber und Treuhänder, im aufeinander Hören und die Argumente wägen kann sich das Sozialwesen entwickeln, auf das wir stolz sind und in dem wir gern leben – DIE STADT!

+* Positives multiplizieren

Zu kritisieren gibt es viel, allzu viel in diesem Land. Analysen über gesellschaftliche, wirtschaftliche oder soziale Vorgänge und politische Entscheidungen erscheinen regelmäßig, füllen die Bestsellerlisten und bleiben zumeist wirkungslos.

Statt alternative Kräfte aufzubauen fördern sie oftmals ungewollt den Frust. Zu wenig wird jene Erkenntnis der Hirnforschung beachtet, dass der „Denkmuskel" zwischen den Ohren sich mit der verneinenden Konstruktion schwer tut.

Widerstandsorientierte Parolen nach Art „Stoppt Strauß", „gegen Sozialabbau" oder „Anti-Atomkraft" tätowieren die Bilder der negativen, zu überwindenden Zustände in die Hirne der Menschen. Ungewollt vermindern sie dadurch nötige Energien, die für die Förderung der erwünschten, besseren Zustände gebraucht werden.

Abseits der Mainstream-Debatten engagieren sich überall im Land Menschen in ihrem Lebensraum für gerechte und stabile soziale Leistungskreisläufe. In und durch ihre Projekte machen sie Mut zur sozialen Aktion. Solche Mutmacher-Projekte fördern, zur eigenständigen Nachahmung anregen, die Rahmenbedingungen für solche Art Multiplikation schaffen - so lässt sich Demokratie beleben.

Entwicklung braucht Ethik

Kodex reicht nicht

Krisen sind Chancen, wird seit Laotse immer wieder behauptet. Werden aber die regelmäßigen, zum Wirtschaftssystem gehörenden Krisen wirklich genutzt, die Art unseres Wirtschaftens gründlich zu prüfen? Wie sehr machen wir uns die Mühe, über die aktuellen Krisenauslöser hinaus auch die tieferen Ursachen zu erkennen und anzugehen? Vertiefen wir aktuelle Kapitalistenschelte hin zur Systemkritik?

Erkennen und *Angehen* sind verschiedene Dinge. Wer die tieferen Ursachen erkennt, sie aber auch als Ursache eigener Vorteile ansieht, sieht selten Grund, gegen sie vorzugehen. Eher wird er seinen Einfluss nutzen, die ihm nützlichen Mechanismen zu schützen und sogar aufzubauen.

Eine derart zweifelhafte Strategie muss allerdings vor den Zweiflern legitimiert werden. Eine beliebte und seit Jahrhunderten bewährte Technik besteht darin, die von den Kritikern und Zweiflern angestrebten Ziele als auch die eigenen zu benennen und das eigene Verhalten als einzigen, alternativlosen Weg zur Zielerreichung zu behaupten. Erfolgreich wird so, wer sich immer wieder an die Spitze seiner eigenen Kritiker stellen kann.

Solche Verführung gelingt, indem der (verborgen gehaltene) Eigennutz als Gemeinwohl förderndes, rationales Verhalten dargestellt wird. Das für eigene Ziele nützliche Verhalten wird den Ge- und Verführten als wirtschaftliche „Ethik" vermittelt. Dem Profit fördernden Verhaltenskodex den Anschein der Ehrbarkeit und sittlichen Integrität zu geben, veröffentlichen Unternehmen werbewirksam ihre „Ethikgrundsätze".

Dazu wird ein immenser Propagandaaufwand zur „Umdeutung der Begriffe" erforderlich, wie es schon George Orwell in seinem Roman „1984" beschrieb. Die Kosten sind gigantisch. 8,3 Millionen Euro pro Jahr investieren nach eigenen Angaben deutsche Arbeitgeber über ihren Verband „Gesamtmetall" in die neoliberale Werbeagentur „Initiative Neue Soziale Marktwirtschaft" (INSM). Im Sinne der Auftraggeber ist das Geld gut investiert. Die INSM platziert erfolgreich und zumeist verdeckt Lobbyisten modernen Moneytheismus in Talkshows, Nachrichten- und Magazinsendungen. Sie lanciert „Nachrichten" und „Untersuchungen" als veröffentlichte Meinung zur Manipulation öffentlicher Meinung. Per Betriebsausgaben können die Finanziers der Initiative Neue Soziale Marktwirtschaft diese Kosten zudem locker über die Preise an die Verbraucher durchreichen. Die Zielgruppe selbst bezahlt Propaganda und Desinformation.

Auch laden Bundes- und Landesregierungen, Bürgermeister und Landräte handverlesen prominente Bürger ein, in demokratisch nicht legitimierten Ethikräten der die Bürger belastenden Politik den Anschein politischer Moral zu geben. Damit das moneytheistische System die als „Krisen" bezeichneten Flurbereinigungen unbeschadet und profitabel übersteht, ist es also nötig, die Opfer von den eigentlichen Ursachen abzulenken. Tittitainment für die Massen, populäre Castingshows, Lotterien und Millionenquiz gaukeln vor, jeder sei seines Glückes Schmied. Jeder fände jederzeit tausend Chancen, wenn er sie nur nutze.

Funktionsorientierte Eliteförderung für die Vasallen der Herrschenden stützt die Vernebelung. Sie schafft den Mythos, ausbeuterischer Wettbewerb sei ein Naturgesetz, der Schwerkraft ähnlich. Sein Verhalten solchen „natürlichen" Entwicklungen anzupassen, sei somit sittlich konsequent. So gewinnt auf Verhaltenskodex reduzierte „Ethik" Konjunktur, zweckorientiert und den Profit fördernd.

Auch unter Piraten und Gaunern herrscht ein Kodex, hier hat er einen klaren Namen: Gaunerehre.

Ethik braucht Entwicklung

Ethik kann man nicht essen! So eine weit verbreitete scheinkluge Behauptung vieler Zeitgenossen. Übersehen oder gar bewusst ausgeblendet wird dabei, dass Ethik die Regel formt, nach denen der Essensplan aufgestellt wird. Reiches Buffet für wenige, doch Futternapf, wenn überhaupt, für die Mehrheit sind Folgen falscher ethischer Konzepte und sittliche Verhaltens.

Kein Wunder, überlassen wir doch zu oft die Gestaltung der Regeln denen, die sich am Buffet laben. Noch immer nehmen und bekommen die „Futternäpfler" zu wenig Einfluss auf die Spielregeln wirtschaftlicher, politischer und gesellschaftlicher Prozesse. Zu selten, zu wenig und dann meist gefiltert kommen ihre Anliegen und Vorschläge zu Wort. Am die Regeln gestaltenden gesellschaftlichen Dialog nehmen weite Bevölkerungskreise nicht oder zu gering teil. So entstehen und verstärken sich soziale Schieflagen, Demokratien werden geschwächt, Spannungen verschärft.

Als vernunftbegründete Lehre von des Menschen „Sollen und Dürfen" greift Ethik einerseits auf zeitübergreifende philosophische Einsichten zurück, muss sich andererseits aber stets aktuell den Herausforderungen der Zeit stellen.

Wissenschaftliche Fortschritte ermöglichen tiefere Einsichten, eröffnen neue Verfahrensweisen und aktualisieren die ewige Frage nach „Sollen und Dürfen". Ernstes und tiefes Ringen um die Antworten dürfen sich nicht im Rückgriff auf Tradiertes erschöpfen. In Phasen gesellschaftlicher Umbrüche, vor allem in wirtschaftlichen und politischen Krisenzeiten wie den aktuellen, fragen Menschen nach Orientierung des eigenen, aber auch des gesellschaftlichen „Sollen und Dürfen". Wer sich als Christ oder Katholik bekennt, erlebt häufig die Frage nach seiner Bewertung der Krise und ihrer Ursachen. Oft auch erfährt er sich ausgesetzt der Kritik an kirchlich vorgetragenen Positionen. Zu meinen beschämenden Erfahrungen als kirchlich engagierter Erwachsenenbildner gehört die Wahrnehmung, dass die kritisch Anfragenden meist über bessere Kenntnisse kirchlicher Soziallehre verfügen als die Angefragten. Leider heben sich in dieser Hinsicht auch Priester nicht von den Laien im Gottesvolk ab. Wenn dann auch christliche Sozialethiker beitragen, die eigene Soziallehre kapitalistischer Wertorientierung und gar neoliberalem Mainstream anzupassen, entsteht eine unheilvolle Mischung, die die Resignation an der Kirche fördert.

Was geht beispielsweise im Münchner Erzbischof Marx vor sich, wenn er in seinem „KAPITAL" (2006) zur Bewältigung wirtschaftlicher und sozialer Probleme ausgerechnet die Theorien eines Friedrich August Hayek empfiehlt, die christlichen

Fundamentalkritiker des Kapitalismus von Karl von Vogelsang, über Wilhelm Hohoff und Anton Orel bis zu Johannes Kleinhappl jedoch totschweigt?

Eine Alternative zur Resignation bietet sich allerdings in der Besinnung auf die eigene Berufung. Statt weiterhin der traditionellen Maxime „Hierarchisch denken – Einsicht schenken" zu folgen, wird es Zeit, der Aufforderung Jesu zur Metanoia (denket um!) zu entsprechen.

Nicht nur der gesunde Menschenverstand empfiehlt: „Selber denken gefährdet Dummheit, Untertänigkeit und Verführbarkeit!".

Einstehen, Impulse setzen!

Stets gilt es die Grundfrage zu bedenken: Welch zwischenmenschliches Verhalten und welche daraus resultierenden Ordnungen sind förderlich, dass jedem Menschen ein Leben in Würde möglich ist? Dabei ist diese Frage nicht nur von Experten in Kolloquien und Akademien zu disputieren. Immer wieder sind die Menschen in ihrem Lebensraum mit der Grundfrage und ihren aktuellen Varianten zu konfrontieren. Es ist bekannt, dass nur ein geringer Kreis der Bürger eine philosophische Ausbildung absolvierte. Daher sind Frage und Beratungsstil dem Lebensalltag der Bürger anzupassen.
Soziale Impulse, gemeinsames Einstehen für Werthaftes, praktische Aktionen im Lebensraum mit offenem Blick für die sozialen Wirkungen überzeugen mehr als noch so fundierte geisteswissenschaftliche Archäologie.

❖ **Reformer leben nicht von der Reform, sondern für die Reform**

Quantensprünge des Geistes?

Sind wir also um ein Quantum klüger, ein Quäntchen weiser? Haben wir mit neuen Erkenntnissen und Einsichten einen Quantensprung vollzogen? Sei es zu hoffen, denn wie die Eheleute Görnitz in ihrem Vortragsduett 2009 auf der Internationalen Pädagogischen Werktagung in Salzburg eindrucksvoll belegten, ist der Quantensprung physikalisch die kleinstmögliche messbare Veränderung - ob den Quantensprung räsonierende Politiker sich dessen bewusst sind?

Weniger die Quantensprünge als die Entdeckung der Quanten selbst veränderte unser Weltbild.

„Atome", über 2500 Jahre Sinnbild des Unteilbaren, sind längst nicht mehr die kleinste unteilbare Einheit. Sah noch die Generation der Physiker um Niels Bohr die Elektronen und Neutronen um den Atomkern in elliptischen Bahnen schwirren, so wissen die modernen Physiker, dass es diese Bahnen nicht gibt. Die scheinbare Atomhülle bietet im Energiefeld nur ungezählte „Orte der Möglichkeit des Erscheinens", unvorhersehbar und nicht zu kalkulieren. Die mechanische Weltsicht löst sich auf.

Die Welt in ihrer Ganzheit, materiell wie geistig und sozial, wird erfahren als Beziehungsgefüge. In Analogie zur Quantenphysik nehmen wir gesellschaftliche Entwicklungen neu wahr.

Die ungezählten Möglichkeiten personaler Verwirklichung in werteFpluraler Gesellschaft werden einerseits als neue Freiheit, andererseits als bedrohliche Desorientierung empfunden.
Können wir das so einfach akzeptieren?

Normalität löst sich auf. Normsetzende und kontrollierende Institutionen verlieren nachhaltig Einfluss, ihre traditionelle Macht erodiert. So sie sich an nicht mehr nachvollziehbare Traditionen klammern, schwindet ihre Anziehungskraft. Das trifft die kleinen Institutionen wie Ehe und Familie ebenso wie Schulen, Kirchen, Parteien oder Sozialverbände als die großen Träger der Gesellschaft. Rufschädigendes Fehlverhalten von Mitgliedern und Führungskräften vertuschend, verspielen sie auch die Reste früheren Ansehens.
Verbände, die einst meinungsbildend Orientierung gaben, zeigen sich inzwischen selbst als orientierungslos, nur mehr auf Sicht navigierend im Gestaltungsgerangel der Gesellschaft.
Welche Veränderungen im persönlichen und sozialen Leben lösen Eindrücke und Einsichten aus? Wie stark reflektieren wir auf unser eigenes Leben hin? Im Grunde ist alles ganz einfach, äußerst schwierig ist es aber, einer komplexen Sache auf den Grund zu gehen. Wird etwas genauer und präziser betrachtet, enttarnt sich „selbstverständlich richtig" Geglaubtes häufig als grundlegend falsch. Was gibt Halt, wenn die Statik sich auflöst? Ist der Wandel

die einzige Kontinuität, woran halten wir uns dann?

Archimedes verlangte nach nur einem festen Punkt, einem „pou sto", um die Welt aus den Angeln zu heben. Doch schon nach den von ihm erkannten Hebelgesetzen musste dieser feste Punkt außerhalb der Welt liegen. Wollen wir die aus den Angeln geratene Welt wieder „in die Angeln heben", brauchen wir neben der Einsicht über funktionsfähige Angeln auch einen festen Punkt – außerhalb unserer Welt, außerhalb des Messbaren, Untersuchbaren und Beweisbaren. Nicht beweisbar, doch begründet vertraubar.

Jean-Marie Kardinal Lustiger verwies vor einem Vierteljahrhundert darauf, dass die Krisen des Abendlandes allein durch glaubende Menschen aller Religionen behoben werden können. Nicht, weil sie die besseren Antworten hätten, sondern weil sie die besseren Fragen stellen könnten.

Vielleicht bieten uns Fragen neue Stabilität in allem Wandel. Fragen nach dem Menschen, den Wirkungen seines Handelns im offenen Spektrum der Möglichkeiten und seiner Verantwortung im Beziehungsgeflecht des Lebens.

Wenn Meinungen die Ethik verdrängen

„Rechte entstehen, indem ich sie mir nehme und verteidige", sagt die Tradition des „homo lupus est", nach der der Mensch dem Menschen ein Wolf sei.

Die Philosophie kooperativer Menschlichkeit, die Sozialethik, sieht das anders: Rechte entstehen aus Pflichten! Ist dem Menschen eine sittliche Pflicht auferlegt, so steht ihm jedes sittlich zulässige Recht zu, das ihm zur Erfüllung dieser Pflicht verhilft.

Ethik als vernunftbasierte Einsicht vom Sollen und Dürfen des Menschen ist nur selten im Einklang mit impulsiv gefühlter Gerechtigkeitsanspruch. Wie erwartete, doch verweigerte Gerechtigkeit umschlägt in einen ethisch zweifelhaften Ausgleichsanspruch, belegt die Entwicklung vom „Recht auf Arbeit" zum „bedingungslosen Grundeinkommen".

In der gängigen Diskussion der letzten, von Massenarbeitslosigkeit überschatteten Jahrzehnte wurde unter dem Slogan „Recht auf Arbeit" eine Politik gefordert, die einerseits die privaten und industriellen Arbeitgeber, andererseits die öffentlichen Dienste nötigt, ausreichende Arbeitsplätze bereitzustellen, die allen Erwerbsfähigen ausreichendes Arbeitseinkommen ermöglichen.

Die Arbeitgeber wehrten diese Anforderungen mit betriebswirtschaftlichen Kostenkalkulationen ab. Mit makroökonomischen Berechnungen und Vorschlägen zu Arbeitszeitverteilungen traten die Befürworter ihnen entgegen.

Während solche Debatten fruchtlos durch die Jahre gingen, sank in Breite sowohl die Qualität vieler Erwerbsarbeitsplätze als auch deren Entlohnung auf ein nicht akzeptierbares, weil Gemeinwohl schädigendes Niveau.

Die Verweigerung unwürdiger Arbeit und Lohnsklaverei nahm und nimmt zu; innere Kündigung, depressive Stimmungen, Burnout und Mobbing treten immer deutlicher hervor als Symptome gesteigerten Leistungsdrucks im Arbeitsplatzwettbewerb der Arbeitnehmer untereinander.

Statt Arbeit werden zur wirtschaftlichen Grundversorgung inzwischen Formen arbeitsloser Transfereinkommen gesucht und gefordert. Emotional aufgebauschte Debatten um „Missbrauch von Sozialleistungen" einerseits und „bedingungsloses Grundeinkommen" andererseits ziehen durchs Land.

Den Wert der Arbeit falsch verstanden und ungenügend reflektiert, findet ein gutes, gerechtes Anliegen keine Umsetzung. Der tiefe Wunsch nach Gerechtigkeit sucht nun Lösungen im Prinzip „Gleiches Recht für alle". Übersehen wird dabei, dass diese Lösungen die „Gleichheit im Unrecht" manifestieren.

So spiegeln die Forderungen nach bedingungslosen Grundeinkommen, nach auskömmlichen arbeitsfreien Einkünften als soziale Transferleistungen oder auch der gelegentliche Leistungsmissbrauch nur den Lebensstil der kapitalistischen Klasse – lebt sie doch mit arbeitsfreien Kapitaleinkünften durch ungerechtfertigte Mehrwertabschöpfung die parasitäre Lebensweise vor.

Höchste Zeit, innezuhalten für eine grundlegende sozialethische Besinnung.

❖ **Nicht den Sozialstaat der Ökonomie opfern, sondern die Ökonomie reformieren zu Gunsten der sozialen Balance**

Vom Meinungsstreit zur sozialethischen Debatte

Immer bestimmen Wert-Setzungen die Politik! Wie können diese Wertsetzungen transparent und demokratisch vollzogen werden?

- Wie sichern wir die Umsetzung der Wert-Entscheidungen in die politischen Sachfelder?
- Wie kann in einem Staat mit ca. 80 Millionen Einwohnern die breite Meinungsbildung im Volk zu repräsentativen Entscheidungen geführt werden?
- Wie lassen sich plebiszitäre Elemente der Basisdemokratie optimal mit den Formen repräsentativen Parlamentarismus verbinden?

Im Abwägen eines „richtigen Handeln" hat nicht nur die soziale Verantwortung ihren Platz, auch der Blick auf die eigenen Vorteile und Belastungen gehört zu diesem Prozess. In komplexen Entscheidungsvorgängen ist das gemeinwohlfördernde Spektrum häufig schwer von der egoistischen Vorteilsnahme einerseits oder der altruistischen Selbstaufgabe andererseits abzugrenzen.

Jeder nüchterne Blick in den Alltag bezeugt die menschliche Neigung zu Vorteilsnahme auf Kosten der Mitmenschen ebenso wie die der Anpassung, Unterwerfung oder Selbstaufgabe. Individuen, Gruppen und Gesellschaften stehen ständig vor der Herausforderung der Balance und der Vermeidung einseitiger Übergriffe.

Was sollen und dürfen wir?

Zur Begriffsklärung können wir unterscheiden:

1. **Moral** als Handlungs-Ableitung aus letztlich nicht beweisbaren Glauben über Existenz oder Nichtexistenz Gottes

2. **Ethik** auf der Basis stets wachsende Erkenntnis um Mensch und Schöpfung als in Vernunft begründeter und nachvollziehbarer Lehre vom Sollen und Dürfen des Menschen.

2.1. **Sozialethik** als vernunftbasierte Lehre vom Sollen und Dürfen des Menschen im <u>zwischenmenschlichen</u> Handeln

2.1.1. **Sozialpolitik** als Strategie zur Gestaltung des gesellschaftlichen Handlungsrahmens auf die sozialethischen Ziele hin

2.2. **Wirtschaftsethik** als vernunftbasierte Lehre vom Sollen und Dürfen des Menschen im <u>wirtschaftlichen</u> Handeln

2.2.1. **Wirtschaftspolitik** zur Gestaltung des wirtschaftlichen Handlungsrahmens im sozialethischen Rahmen

2.2.1.1. **Sozialökonomie / Gemeinwohlökonomie** als bewusstes wirtschaftliches Agieren innerhalb des sozial- und wirtschaftsethischen Handlungsrahmens.

Sozialethische Vereinbarungen benötigt

Die noch immer individuelle Einsicht in sittlich gutes zwischenmenschliches Verhalten ist politisch unzureichend. Niemand wäre gehalten, sich seiner Einsichten entsprechend zu verhalten. Widersprüchliches Verhalten bliebe folgenlos. Auch der von mir hochgeschätzte Hans Küng greift hier zu kurz, wenn er in seinem Buch „Anständig wirtschaften" ethische Haltung und Verantwortung der Führungskräfte einfordert. In seiner Schrift fehlt jeder Hinweis, wie ethisch verantwortungsbewusste Menschen demokratisch in Führungspositionen kommen sollen. Oder welche Konsequenzen das unethische Verhalten der Führungskräfte auslösen soll.

Erst klare Vereinbarungen über den zwischenmenschlichen Umgang in der Gesellschaft machen ethische Anforderungen kalkulierbar und anwendbar.

Solche Vereinbarungen sind demokratisch zu entwickeln, eindeutig, verbindlich und sanktionierbar zu regeln.

Noch fehlt uns jede Institution, die diese Regeln demokratisch legitimiert setzen kann.

Soziale Marktwirtschaft

Soziale Marktwirtschaft ist mehr als ein zum Schutz der Bürger eingezogener Maschendrahtzaun des Kapitalismus. Soziale Marktwirtschaft ist ein Wirtschaftsgeschehen, an dem wir alle beteiligt sind und Einfluss nehmen.

In echter sozialer Marktwirtschaft kann jeder das Ergebnis seines Arbeitens in völliger Freiheit von Machtzwängen auf einem Markt zum fairen Leistungstausch anbieten. Leistung gegen Leistung erlaubt faire Preisfindung und sichert den erzielten Mehrwert den Menschen zu, die diesen Mehrwert durch ihre Arbeit schufen.

An der Kapitalrendite ausgerichtetes Wirtschaften missachtet das soziale Wirtschaften. Das Kapital (besser: die Kapitaleigner) beansprucht die Vorherrschaft auf den geschaffenen Mehrwert und schafft sich so ein arbeitsloses Transfereinkommen..

Jenseits der Sozialromantik

Tun sich Menschen aus freiem Willen zusammen und bilden Sozietäten, Arbeits-, Produktions- oder Dienstgemeinschaften, Verbände oder gar Staaten, so spielt ein Motiv immer mit: in gemeinsamer und geteilter Leistung wollen sie mehr erreichen, als es einzeln oder gar im Gegeneinander möglich wäre.

Fairer Umgang miteinander schließt unterschiedliche Honorierung unterschiedlich eingebrachter Leistungen ein, den ungerechtfertigten Vorteil auf Kosten anderer aber aus.

Anziehungskraft entwickelt solche Gemeinschaft, so sie Personalität fördert und ihr Raum zur Entfaltung gibt. Individuelle Freiheiten stehen dann nicht mehr im Widerspruch zu sozialer Verantwortung und Bindung. Statt auferlegter Pflicht wird Solidarität ein persönlicher Beitrag zum Wohl Aller. Miteinander vereinbarte und immer wieder auf ihre Gültigkeit reflektierte Regeln geben der Gemeinschaft Struktur und Bestandsicherheit.

Zu schön, um wahr zu sein? Eine Zuckerguss-Idylle für Sozialromantiker?

In der Erfahrung des Gegenmodells der „Geld regiert die Welt"-Ideologen mit seiner Zerstörungsspur in Kultur, Sozialleben, Ökologie und Ökonomie findet ein altes, antiquiert geglaubtes Wort neuen Anklang: GEMEINWOHL.

Von Joachim Sikora ins Spiel gebracht, ausgezeichnet entfaltet von Christian Felber, findet die Idee der Gemeinwohlökonomie wachsende Unterstützung in breiten Bevölkerungskreisen. In über 100 Firmen stellen nüchtern kalkulierende Unternehmer in Gemeinwohl-Bilanzen das Wirken ihres Unternehmens auf das kulturelle, soziale und wirtschaftliche Umfeld vor. Bewusst binden sie ihr unternehmerisches Tun in eine verträgliche gesellschaftliche Wirkung ein.

Sie erfahren, dass Gemeinwohl nichts mit biedermeierischer Geborgenheit in aktualisierter Kuschelrock-Romantik zu tun hat. Gemeinwohl erleben sie als die bessere Ausgangslage unternehmerischen Tuns, jenseits der Jagd nach Marktbeherrschung. Beim „Leben und leben lassen" schwindet der zerstörerische Druck ständigen Wettbewerbs, lässt Raum für Kooperation zu unternehmensübergreifendem Nutzen.

Greifbar, erlebbar wird das Konzept der Gemeinwohl-Orientierung erst auf der materiellen Ebene, jener der Ökonomie. Doch wie eine Frucht sich nur im gesamten Energiefluss des Baumes, eingebettet in dessen ökologischem Umfeld entwickelt, ist auch die Gemeinwohl-Ökonomie auf die ihr förderlichen Hintergründe angewiesen.

Das sozialethische Leitbild eines solidarischen Miteinanders wird sich dann in förderliche Regelungen und Gesetze manifestieren lassen, wenn es sich im alltäglichen Erleben der Menschen als gute Erfahrung niederschlägt und politische Kraft entwickelt. Zufriedenstellende Alltagskultur, aber auch gute Teilhabe an der gesellschaftlichen Kultur und dessen Bildungsmöglichkeiten sind dabei wichtige Indikatoren.

Die labile Balance von Beteiligungs- und Verteilungsgerechtigkeit, die Verlockungen eigennütziger Vorteilnahme und gezielter Übervorteilung von Mitmenschen, die nicht auszumerzenden antisozialen Verhaltensformen der Menschen lassen ein träumerisches, sozialromantisch verklärtes Bild der Gesellschaft nicht zu.

Gemeinwohl erweist sich als immer wieder neu auszulotende Antwort auf die stets aktuelle soziale Frage: Welche Missstände bildet unsere Gesellschaft heraus? Worin besteht deren Wesen, was sind ihre Ursachen und Wirkungen und wie lassen sie sich beheben?

Gemeinwohl ist eine ständige sozialethische Herausforderung an die Gesellschaft freier Menschen, jenseits aller Romantik.

Auf der Suche nach humaner Gesellschaft

Ein schillernder Begriff, abgenutzt und häufig verwendet wie eine Wundsalbe über die Verletzungen der Menschenwürde. Wahrhaft human wäre eine Gesellschaft erst zu bezeichnen, könnte jeder Mensch gemäß der ihm eigenen Personenwürde leben. Doch davon sind wir weit entfernt.

Viele resignieren vor der so geschichtsmächtigen Gewalt, die in ihren vielfältigen Erscheinungsformen anscheinend triumphiert: der Mensch sei den Menschen ein Wolf, nur der Stärkere überlebt, jeder ist seines Glückes Schmied.

„Realistisch" reduzieren Sie dann das Leitbild einer humanen Gesellschaft auf Not-wendende, situative Hilfe für Arme, Ausgegrenzte und Geknechtete. Doch lassen wir den Anspruch auf gesellschaftliche Ordnungen, die der Ethik des Humanen entsprechen, nicht fallen.

Mehrere Handlungsweisen, ethische Strategien – miteinander verbunden – lassen die Hoffnung auf Wandlungen zum Humanen zu.

Dazu sind Probleme und Herausforderungen menschlich zugänglich zu halten, sie von der Abtraktion (z. B. Arbeitslosigkeit in Deutschland oder Europa) auf die Ebene des konkreten Lebensraumes (z. B. Arbeitslose in unserer Stadt) zu fokussieren. Während die Abstraktion das Problem vergrößert zum Unfassbaren, Unerträglichen und Unlösbaren, eröffnet die Regionalisierung Lösungswege durch die Nähe zum menschlichen Maß. Der Staatsrechtler und Nationalökonom Leopold Kohr hinterließ uns diese Einsichten eines „small is beautyful".

Die Herausforderung in sozialer statt nur ökonomischer Logik reflektieren. Menschen haben eine eigentümliche Art, zwischenmenschliche Vorgänge wahrzunehmen und darauf zu reagieren. Heute wissen viele Bürger mehr über die bislang unbewussten Vorgänge ihrer Atmung oder Verdauung als ihres sozialen Verhaltens. Dem Sozialphilosophen Johannes Heinrichs gelang es in den 1970er Jahren, die Eigentümlichkeiten „sozialer Reflektion" herauszuarbeiten und zur bewussten Anwendung aufzubereiten.

Begründete Ethik entwickeln. Das Recht jedes Menschen auf die ihm eigene Personenwürde muss einen letzten, in sich stimmigen Grund haben. Solchem Ur-Grund zu folgen hat Konsequenzen. „Kein Herr über mir, kein Knecht unter mir" forderten friesische Bauern in den Dithmarschener Freiheitskämpfen.
Eine herrschaftsfreie Ordnung wird erst möglich in sittlicher Vereinbarung über zu nutzende Ressourcen, über Eigentumsansprüche daran und deren Verwendung.

Wie ein **ethisch verantwortetes Wirtschaften** möglich ist und zu gesellschaftliche Freiheit führen kann, lehrte der Moraltheologe und Wirtschaftsethiker Johannes Kleinhappl. Wegen seiner theologisch begründeten Kapitalismuskritik wurde ihm 1947 vom Jesuitenorden der Lehrstuhl an der Universität Innsbruck entzogen.

Das Systemische beachten. Diese Welt ist eine Welt – alles ist mit einem verbunden. „Lebendige Systeme sind nicht steuerbar, sie lassen sich nur stören." pointiert der Physiker Fridjof Capra die Situation. Dem Biologen Frederic Vester verdanken wir Methoden zur Entwicklung gezielter "Stör-" bzw. Einflussimpulse.

Demokratische Strukturen ausbauen. In den Jahrhunderte währenden Kämpfen gegen ungerechte Herrschaft und für demokratische Partizipation wurde viel erreicht. So gilt erst recht der Hinweis Goethes: „Was Du ererbt von Deinen Vätern, erwirb es, um es zu besitzen." Erreichte Freiheiten verfallen, werden sie nicht genutzt, gestaltet und ausgebaut. Die Zähmung feudaler Herrschaft durch rechtsstaatliche Gewaltenteilung war ein historisch wichtiger Schritt. Doch zu echter partizipativer Demokratie ist noch ein weiter, anstrengender Weg.

Die Souveränität fördern

Jede Vision einer neuen demokratischen „Politik-Architektur" wird scheitern, nimmt sie nicht den Zustand des „Baugrundes" wahr. Mürbe, zermürbt der Boden der Demokratie in Ostdeutschland, wo nach den ersten Ansätzen der Weimarer Republik Tausendjähriges Reich, Arbeiter- und Bauernstaat sowie von der Treuhand gesteuerte Wiedervereinigung nahtlos ineinander griffen und jedes Vertrauen in politische Institutionen zerstörten.

Verquast in oligarchischen Demokratieattitüden ohne echte Mitgestaltung, die bürgerliche Mehrheit im Westen. Gelegentliche substanzielle Ansätze neuer Beteiligungen wie Bürgerhaushalt, Planungszellen, Bürgerbegehren oder gar Bürgerentscheid finden nur unzureichend Anklang bei den eingeladenen Bürgern und drohen von Verwaltungen und Politikern zu scheindemokratischen Alibis missbraucht zu werden.

Der marode Baugrund der Demokratie trägt schon das heutige Mischsystem von Parteioligarchie und Kapitalmarktfixierung nicht. Auch andere „funktionale Strukturen" finden keinen Halt.

Von gutgemeinter „Demokratiereform", die sich nur auf neue Zugänge zur Macht konzentriert, bleibt dann nur ein umgeformtes Herrschaftssystem. Misstrauisch beäugt von der Masse der Bürger, die sich noch immer als die „hier unten" - als Untertanen – empfinden

Demokratiereform wird erst gelingen, wenn sich die Mentalität der Bürger vom „Untertan" zum „Souverän" wandelt. In überschaubaren Projekten politischer Partizipation ist solche Souveränität zu ermutigen. Politische Willensbildung in der Bevölkerung muss sich in den Entscheidungen gewählter Volksvertreter niederschlagen. Dazu ist ein intensiver Dialog zwischen Bürgern und Volksvertretern notwendig, um in komplexen Sachverhalten Bürgerwillen und parlamentarischen Entscheid plausibel zu verbinden. Anstehende Änderungen im funktionalen System müssen diese Entwicklung zum „Souverän" fördern und dauerhaft sichern.

Moderne Demokratie im Abendland?

Menschen suchen Orientierungen zum Handeln und entwickeln Ordnungen des Miteinanders. Ordnungen sind Vorgaben zum vielschichtigen „du kannst- du darfst - du sollst" und/oder „du kannst nicht - du darfst nicht - du sollst nicht". Diese Ordnungen können von einer beherrschenden Minderheit vorgegeben oder in breiter Beteiligung vereinbart werden. Allgemeine Akzeptanz oder auch die Furcht vor Repressalien und Sanktionen begründen ihre Gültigkeit.

Als theoretische Regelwerke können solche Ordnungen lange Zeit Geltung haben. Das entsprechende, ordnungs-gemäße Handeln der Menschen formt daraus gesellschaftliche Systeme. Im reflektierten zwischenmenschlichen Handeln entstehen und gestalten sich soziale Strukturen und Systeme, erkannte der Sozialphilosoph Johannes Heinrichs. Reflektierend kann der Handelnde aber auch abweichend oder gar ordnungs-widrig agieren. Akzeptiert die soziale Umwelt diese Abweichung, trägt es zur Veränderung der Ordnungen bei. Findet das Verhalten den Widerstand der sozialen Umwelt, führt es zum Konflikt mit der bestehenden Ordnung und wirft die Frage auf nach dem Maß der Ordnung, dem Maß der Dinge.

Ist die Vereinbarung das Maß oder gibt es ein Maß für Vereinbarungen? Worin begründen sich Ordnungen und Maß? Was ist der Ur-Grund, der Letzt-Grund?

Im ernsthaften Suchen nach solchem Ur-Grund scheiden sich die Geister, Ent-Scheidungen sind gefragt. Denn im Ur-Grund erreichen wir die Grenze vernünftiger Argumentation zum vernunftübersteigenden, doch nicht vernunftwidrigen Vertrauen - zum Glauben.

Worauf sich auch Glaube oder Nichtglaube stützen, im Letzten ist es eine existenzielle Entscheidung, durch keine äußere Instanz nachprüfbar oder zu bewilligen.

Maßgebend für uns Christen ist die Botschaft Jesu vom barmherzigen Vater-Gott, vom Reich Gottes, das zum Heil der Menschen in Raum und Zeit wirksam wird.

Die Maßstäbe dieses Glaubens setzen die Ordnungen unserer Welt zwar nicht außer Kraft, relativieren sie aber. Prüfstein weltlicher Ordnungen werden so die Fragen: „Erlauben, fördern oder behindern sie das zwischenmenschliche Handeln nach den ´Spielregeln´ des Gottesreiches? Geben sie echter Humanität eine Chance?"

Die heutigen weltgestaltenden Ordnungen verletzen unter der Maßgabe profitgieriger Ökonomie die Humanität in unerträglichem Ausmaß. Die als Banken-, Finanz- oder Wirtschaftskrise bezeichneten kapitalistischen Flurbereinigungen berauben Millionen Menschen ihrer wirtschaftlichen Existenz, verstärken Armut, Abhängigkeit und Lohnsklaverei. Gegen diese fahrlässige und gewollte Zerstörung des Menschlichen hilft es wenig, neue Ordnungsmodelle auszugrübeln. Diese „Strukturen des Bösen" behalten ihre destruktive Kraft, solange Menschen in demokratisch relevanter Zahl weiterhin ihrer eigenen Kraft misstrauen, sich ohnmächtig wähnen und durch falsche Versprechungen verführen lassen, auf die eigene Personenwürde zu verzichten.

Zwischenmenschliche Strukturen und Systeme entstehen eben nicht in Politikseminaren, Satzungskommissionen oder Sozialethik-Kongressen. Diese können das Reflektieren stützen, neu entstehen und verändern werden sich Strukturen allein im reflektierten zwischenmenschlichen Handeln.

Welche Kraft und Dynamik erhielte das weltweite Engagement für echte Humanität, würden die Menschen, die regelmäßig das „Vater unser" beten, nach dem Händefalten vom Gebet inspiriert auch die Ärmel aufkrempeln?

Nur angenommen, wir Christen nähmen das „Vater unser" ernst als Maßstab alltäglichen Handelns.
Welche Folgen hätte das für unser gesellschaftliches Zusammenleben?

- Wenn wir alle Menschen als gleiche Kinder des einen Vaters akzeptierten?

- Wenn die Maßstäbe des Gottesreiches unsere „Spielregeln" wären?
- Wenn Gottes Wille unser Handeln leiten würde?
- Wie bekäme jeder sein tägliches Brot?
- Wie erführen wir Vergebung, Gnade, Barmherzigkeit?
- Wie gingen wir mit unseren Schuldnern um?
- Welche Chancen gäben wir einander für Umkehr und Neubeginn?
- Woran würden wir uns in Versuchungen halten?
- Wie würden wir uns dem Bösen in unserer Welt stellen?

In souveräner Macht weiter Bevölkerungskreise könnten neue Ordnungen entstehen, lebensfördernd und den Menschen gerecht. Das „christliche" Abendland könnte in echter Demokratie seine humanitären Ziele realisieren und der ganzen Welt als Weg guter Entwicklung vorleben.

Würde des Menschen ist mehr als ein Konjunktiv. Humanität ist mehr als denkbar, sie ist lebbar.

❖ **Die Dinge sind dermaßen verfahren, dass wir dringend neue demokratische Verfahren brauchen**

Neues Spiel mit neuen Regeln

Damit Werte zu Politik werden können

Politik kann so nicht weitergehen, sie hat sich gegen die Menschen gerichtet!

Im langjährigen Engagement erleben wir, wie im politischen Geschehen Lebensqualität zerstört wird, Menschen in prekäre Verhältnisse gedrängt werden, während wenige Menschen die Wohlstandsreserven unserer Gesellschaft an sich reißen. Zentrale Werte unseres gesellschaftlichen Miteinanders werden missachtet und der ökonomischen Verwertung allen Lebens geopfert.

Wir erleben, wie in unserem Namen in einem weltweiten Prozess unsere Infrastrukturen verschachert, Finanzdiktaturen errichtet, soziale und kulturelle Errungenschaften preisgegeben werden. Unser Land wurde zum Spielball einer spekulativen Clique, die die Welt zum Casino, zum Spielfeld ihrer Profitgier erklärt.

Mehrfach erklärten wir unseren Widerspruch zum Spiel. Erprobte überzeugende Alternativen laufen trotz dieser Kritik jedoch immer wieder ins Leere. 2009 haben wir die über zehn Querdenker-Sommerakademien bearbeiteten Kernthemen zu einem **„Honnefer Impuls"** zusammengefasst.

Jedes dieser Themen ist durch verschiedene gute Projekte auf seine praktische Umsetzung hin geprüft.

Jedes dieser Themen hat schon für sich die Kraft, das gängige politische System grundlegend zu verändern.

Jedes dieser Themen läuft in der derzeit gängigen Politik ins Leere.

Das wollen wir ändern!

Eine nationale Gemeinschaft gewinnt ihr Profil durch die Werte und Ziele, auf die sie sich verständigt. Gleichermaßen profiliert sich das Volk durch die Art, wie sich es auf diese Ziele und Werte verständigt und sie als Staatsziele verankert.

Meine Überlegungen dazu sind vor allem Fragen.

Doch ich bin überzeugt: echte Demokratie ist fragwürdig!

Das Volk als Souverän

„Alle Staatsgewalt geht vom Volke aus", erklären demokratische Verfassung als staatstheoretischen Grundsatz „... und kehrt nie mehr zurück!", hängt der Volksmund treffend an. „Sobald der Wähler seine Stimme abgibt, hat er nichts mehr zu sagen!" Nehmen wir den Spiegel der Satiriker ernst, stellen sich die Fragen nach repräsentativer Mandatsausübung und Bürgerpartizipation an den politischen Entscheidungen bis hin zum Korrekturrecht durch Referendum.

Im tradierten Demokratiebild stellt sich „Politik" als Arena der Interessen- und Machtkämpfe dar. Dabei spielt jedoch nicht nur das Mehrheitsverhältnis bei einer Entscheidung nach argumentativer Debatte eine Rolle, weit wirksamer ist bereits die Einflussnahme auf Themenwahl, Gesprächsteilnehmer und Debattenstil (Framing).

Solch enges Politik-Verständnis einer Interessen- und Machtregulierung erfasst nicht den breiten gesellschaftlichen politisch-sozialen Meinungsprozess über das gesamte Spektrum gesellschaftlicher Handlungsebenen.

Moderne Demokratie steht daher vor der Herausforderung, den umfassenden Prozess der Meinungsbildung transparent zu führen und in repräsentative Entscheidungsstrukturen überzuleiten.

Werthaft Handeln

Menschliches Handeln folgt Werten, selbst wenn wir uns ihrer nicht bewusst sind oder uns nicht dazu bekennen. Jedes bewusste Handeln dient einer Zielerreichung und hat seine Legitimation im persönlichen Wertekonzept. Selbst wenn sich ein Handeln allein am Nutzen orientiert, definiert sich der Nutzen als Wert!

Die jeweils individuellen Wertekonzepte der Bürger umfassen eine große Bandbreite, sie sind nicht von vornherein deckungsgleich oder kompatibel, stehen mitunter in totalem Widerspruch.

Für ein soziales und gesellschaftliches Miteinander stellt sich die Frage nach einem gemeinsam akzeptierten und gültigen Rahmen.

Wie aber kommt es zu solchem Rahmen? Wer setzt ihn und wer sichert dessen Einhaltung?

„Der Staat bin ich" behauptete der Sonnenkönig Louis XIV. (1638-1715) und band alle Rechte der Staatsgewalt an sich. Mit dieser Auffassung war er nicht allein und auch nicht der erste Machthaber in der Menschheitsgeschichte. Ob in den antiken Reichen Europas, Asiens oder Amerikas: Herrscher leiteten ihre Position und Machtfülle vom Willen Gottes bzw. der Götter ab. Diesem Gott und dem sich aus seiner Gnade erwählt wissenden Herrscher hatte das Volk zu folgen.

Suchte ein Herrscher im Gottgnadentum Orientierung und Beratung, dann bei den offiziellen Interpreten göttlichen Willens: Priestern, Propheten, Schamanen, Tempeldienern u.ä.

Die gottgewollte Herrschaft mündete allzu häufig in dynastische Erbfolgen. Doch auch Suche und Erkennen des „Berufenen" und dessen Salbung sind uns bekannt (Judentum, buddhistische Lama-Tradition).

Viele Stammeskulturen entwickelten das Modell der Herrscherkür. Hier wurde der Herrscher vom gesamten Stamm oder einem auserwählten Personenkreis gekürt und ins Amt gehoben (auf den Schild gehoben, gut parodiert in der Comicfigur des Majestix).

De jure geschieht die Thronfolge nicht automatisch, de facto allerdings entwickelten Hoheiten in Königs- und Kaiserhäusern lang anhaltende Dynastien, selbst das Papsttum blieb davon nicht verschont.

Zeitlich begrenzte Herrschaft übten in früheren Republiken Tribune, in späteren Präsidenten, Premiers oder Kanzler aus. Ihnen zur Seite stehen zur Beratung vom Regierenden selbstberufene Kreise wie Räte, Minister oder Kurien. Als Sprachorgane der Untergebenen wirken Stammesräte, Ältestenräte, Senate oder Parlamente.

Nun könnten wir als Untertanen auf Dynastien gutwilliger, menschenfreundlicher Herrscher hoffen. Setzen wir aber auf Freiheit, eigene Verantwortung und demokratische Ordnungen, dann drängen sich weitere Fragen auf, mögen wir sie als „tiefergehend", „übergeordnet" oder als die „Ordnung hinter den Regeln" bezeichnen.

Essenz der kulturgeschichtlichen Erfahrung: der Souverän bestimmt die Richtlinien, er selbst entscheidet, wie er sie ausübt. Doch gibt es auch dem Souverän vorgegebene Werte oder ist sein Handeln davon los-gelöst (ab-solut)? Und wer ist bzw. wer wird wie zum „Souverän"?

❖ Dem „nicht anders können" den Glauben an ein „auch anders können" abgewinnen

Demokratie in der Krise

Zu den großen wirksamen Leistungen der Aufklärung gehört die Abkehr vom Feudalstaat mit absolutem Herrscher zur republikanischen Repräsentanz der Bürger und der Kanalisierung politischer Macht.

Auf den Ideen des Baron de Montesquieu (1689-1755) und dessen Orientierung am niederländischen Arzt und Sozialtheoretiker Bernard Mandeville (1670-1733) basiert noch heute unser Demokratieverständnis mit den Elementen:

- Macht auf Zeit durch Wahlen
- gewählte Repräsentanz durch Volksvertreter
- Gewaltenteilung in Legislative, Judikative und Exekutive

So die Theorie, doch die Praxis ist fragwürdig.

Macht auf Zeit durch Wahlen?

Was aber, wenn die wahrhaft Mächtigen sich jeglicher demokratischer Legitimation entziehen?

Wenn sie ihre Meinungsbildung, Interessenkonflikte und Absprachen in außerparlamentarischen Zirkeln regeln (z.B. Weltwirtschaftsgipfel in Davos, Bilderberg-Konferenzen): unprotokollarisch, unprotokolliert und unkontrolliert?

Wenn sie nur (sofern überhaupt opportun) über Vasallen in Lobby und Parlament das politische Geschehen beeinflussen?

Gewählte Repräsentanz durch Volksvertreter ?

Im Auswahlverfahren der Kandidaten (für Parlamente) als auch der Repräsentanten (öffentliche Organe) haben die Parteien ihr verfassungsmäßiges Mitwirkungsrecht auf oligarchische Herrschaft und Proporzbestimmungen ausgedehnt.

Gewaltenteilung?

Die Teilung der Gewalten und die Hoheit über die geteilten Gewalten bleiben auf der Strecke, wenn Gesetzesvorlagen, Richtlinien und Verträge außerhalb der Parlamente und deren Kontrolle durch Anwaltsfirmen im Interesse der „privaten" Seite verfasst werden.

Die eigentlich entscheidungsbefugten Volksvertreter allerdings werden nur mit einem allgemein gehaltenen Exposé abgespeist.

In öffentlichen Verwaltungen werden Entscheidungsvorlagen von den gleichen Mitarbeitern erarbeitet, die später für die Umsetzung der Beschlüsse verantwortlich sind.

Damit Werte zu Politik werden

Das scheint eine eigenartige Forderung, ist doch jede Politik wertbezogenes Handeln, zielgerichtetes Agieren, um die Gesellschaft und die Bürger auf Handlungsregeln zu verpflichten.

Von diesen Werten gedecktes Handeln der Bürger wird gefördert oder gar belohnt, Verstöße sanktioniert und geahndet.

So weit, so gut – bleibt allerdings zu klären, wer die Werte setzt.

Aus der Geschichte von Völkern und Staaten scheint die Lösung einfach: die Verantwortung hat der Souverän, er bestimmt die Ausrichtung der Politik. Dem Volk bleibt nur die Hoffnung auf einen gutwilligen, ethisch integeren Herrscher. Doch selbst dann bleibt es seiner Willkür ausgeliefert.

Ist in Europa das Ringen zwischen „Thron und Altar" auch offiziell entschieden, brechen doch immer wieder Konflikte auf: so an den Grenzen von Leben und Tod (Abtreibung, Sterbehilfe, Euthanasie), leider nicht an den Scheidemarken von Herrschaft und wirtschaftlicher Macht.

Ob friedlicher oder gewaltsamer Machtwechsel, immer geht es um die entscheidende Frage: wer setzt die verbindlichen Ziele und Rahmen des politischen Handelns?

So orientieren sich auch die heutigen Dauerwahlkämpfe an der Vorstellung: Politik ist Ringen um

Gestaltungsmacht, Gestaltungsmacht aber ist Herrschaft.

Macht hat, wer machen kann, was er will; dem das alles nichts ausmacht, weil er sagen kann: „Macht ja nichts!" – so eine Einsicht aus jener Umbruchphase, die wir nun die „68er" nennen.

Viele Varianten der Herrschaftsbegründung überstanden diverse Aufklärungen schadlos. Denn es wurden zwar Mängel der Herrschafts-Ausübung in die Kritik gezogen, die Beherrschung von Mitmenschen zum eigenen Vorteil selbst wurde nur selten in Frage gestellt.

Da waren schon die dithmarscher Bauern in ihren Befreiungskämpfen 1227 weiter mit ihrem Schlachtruf: „Kein Knecht unter mir, kein Herr über mir!". Sie schufen sich ein über 330 Jahre (!), bis 1559 gültiges freiheitliches Staatsmodell.

Paradigmenwechsel in der Demokratie

Die Sicherung der Bürgerrechte gegenüber dem Staat änderte Rechtsansprüche, das traditionelle Denken in Untertan und Obrigkeit wurde dadurch noch nicht überwunden. Nur langsam schält sich die Einsicht heraus, dass wir Bürger ja selbst den Staat bilden; dass der „Staat" die Rechtsform unserer Gesellschaft ist.

Die Vorstellung drängt zu noch ungeübter dialogischer Rückkopplung zwischen Bürgern und Mandatsträgern.

Neue, die klassischen Wahlen ergänzende Formen bürgerschaftlicher Partizipation werden seit langem gefordert. Dort, wo sie erprobt wurden, zeigen Bürger hohe Kompetenz in den zur Entscheidung anstehenden Themen sowie Bereitschaft zur Mitverantwortung in Entscheidungsprozessen.

Noch wird allerdings solche Partizipation von vielen Mandatsträgern als „Einmischung oder Befugnisbegrenzung" erfahren. Dabei übersehen sie, dass sie das im Grundgesetz Art. 20,2 verankerte Bürgerrecht auf Abstimmungen unterlaufen. Sie machen sich schuldig des Verfassungsbruchs durch Grundrechtsverweigerung.

Die Entwicklung neuer Dialogformen steckt erst in den Anfängen.

Das Gemeinwohl mehren

„Wohlstand für alle" als statistische Momentauf-
nahme zum Gesamtreichtum einer Gesellschaft
führt in die Irre bei unklaren Wohlstandsparame-
tern. In Deutschland, einem der reichsten Länder
der Welt, erweisen sich Wohlstands-Verteilung
und die ständig spreizende Arm-Reich-Schere als
fortwährender und fortwirkender Skandal! Eine
als antiquiert verschrieene Formel erfährt zeit-
gleich neue Belebung: Gemeinwohl!

- Gefordert wird die Kultivierung sozialverträgli-
  chen individuellen und sozialen Verhaltens in
  „Gemeinwohlökonomien" oder „Gemeinwohl-
  bilanzen". Das bedeutet einerseits die Förderung eines das Gemeinwohl stärkenden, andererseits die Sanktionierung des Gemeinwohl
  schädigenden Verhaltens.

Dazu wieder bedarf es legitimierter Rahmensetzungen – legitimiert aber durch wen?
Wer soll zuständig sein für

- eine Festlegung grundsätzlicher Arbeits-, Pro-
  duktions- und Handelsbedingungen zur Förderung des Gemeinwohls im Rahmen der „Kulturpolitik" sowie der „Rechtspolitik"?
- eine Politik der Rechtsstaatssicherung (wem
  stehen wann, warum, in welchem Umfang, welche Rechte zu)?

- die Regulierung von Ansprüchen und Konflikten zu Gunsten des Gemeinwohls und im Rahmen der „Kulturpolitik"?

- die Definition und Interpretation dessen, was unter einem Staatsziel „Gemeinwohl" zu verstehen ist und welche Handlungsrahmen für die Politik sich daraus ergeben?

Solche und ungezählte ähnliche Fragen sind offen und transparent zu beraten und demokratisch legitimiert zu entscheiden. Doch mit Umfang und Komplexität dieser Themen wäre sogar ein Universalgenie vom Schlage eines Leonardo da Vinci oder Leibnitz total überfordert. Selbst wenn sie zu solchen Leistungen fähig wären – wo fänden wir genügend derartiger Koryphäen, um ein Parlament zu füllen?

Die politische Realität beschert uns Abgeordnete, die im besten Fall über ein gerütteltes Maß themenspezifischer Sachkompetenz verfügen. Dabei ist im System der Allzuständigkeits-Parlamente und -Parteien nicht einmal sichergestellt, dass sie ihre je spezifische Kompetenz im Mandat auch entfalten können.

„Zurück zum menschlichen Maß", diese Aufforderung Leopold Kohrs gilt hier als Aufruf, die unüberschaubare Überkomplexität des parlamentarischen Geschäftes zurückzufahren.

Da dies nicht durch Themenverweigerung geschehen kann, ist eine systematische und systemische Strukturierung der Themenbearbeitung hilfreich.

Werteplurale Demokratie

In Verfassungen, auch im deutschen Grundgesetz, finden wir Grundrechte: knappe, präzise Formulierungen. Dort stehen Sätze, wie aus Stein gemeißelt; dauerhafte Wegmarken, die in Festreden beschworen werden.

Doch was nützt uns ein sauber beschrifteter Richtungsweiser, wenn wir uns nicht klar sind, in welche Richtung er zu montieren ist?

Im tagespolitischen Getümmel in der Arena der Interessen- und Machtkonflikte verlieren diese „ehernen Werte" allzu häufig ihre Leitfunktion. Unterschiedliche, oft widersprüchliche Interpretationen erodieren die Orientierungsfunktion der Grundwerte. Situativ werden Grundrechte umgedeutet und somit ausgehebelt, der umständliche Korrekturweg „nach Karlsruhe" bewusst ins Kalkül gezogen. Das Bundesverfassungsgericht wird immer mehr von einer verfassungsrechtlichen Appellations- und Korrektivinstanz zu einem Organ, welches außerparlamentarisch politische Leitlinien bestimmt.

Die verbindliche Auslegung der Grundwerte und Grundrechte gehört aber in die politische Arena. Öffentlicher Diskurs durch Experten unterschiedlicher wissenschaftlicher oder pseudowissenschaftlicher Disziplinen, die breite Debatte durch öffentlich agierende Meinungsmacher in Medien unterschiedlicher Seriosität bedarf der demokratisch legitimierten, parlamentarischen „Endfassung".

Eine nachträgliche Rüge oder Korrektur schluderhafter Gesetze durch die Appellationsinstanz Verfassungsgericht wird diesem Anspruch nicht gerecht. Zudem reduziert die Besetzungspolitik der Gerichte nach Parteienproporz die demokratische Legitimation auf homöopathische Verdünnung.

Fehlende demokratische Legitimation zeichnet auch die von Regierungschefs berufenen Räte aus (z.B. Ethikrat, Nachhaltigkeitsrat, Rat der Wirtschaftsweisen).

So stehen wir vor der Aufgabe, die Spielregeln und Rahmenbedingungen der Arena der Interessen und Machtkämpfe derart zu verändern, dass die aus den Grundrechten abzuleitenden Orientierungslinien zu **jeder** parlamentarischen Entscheidung herausgearbeitet und für den Bürger transparent als Handlungsrahmen für die weitere politische Arbeit beraten und entschieden werden.

Das gesellschaftliche Legitimationssystem braucht über den sachgerechten sozialethischen Diskurs hinaus eine eigene, repräsentative, demokratisch legitimierte Entscheidungsinstanz.

Sachgemäße Entscheidungsebenen in Wertstufen

Der gescheite, als Bundespräsident gescheiterte Christian Wulff hinterlässt die politische Einsicht, der Islam sei in Deutschland angekommen. Bei nüchterner Betrachtung unserer heutigen Gesellschaft ist diesem Satz nichts entgegenzusetzen. Allerdings ist er auszuweiten. Auch verschiedene asiatische Religionen sind in Deutschland angekommen. Das Judentum ist seit Jahrhunderten in unserer Kultur tief verwurzelt, trotz mittelalterlicher Pogrome und der maßlosen Verbrechen des Holocaust.

Die Christianisierung des Abendlandes war nie ein Ausdruck dafür, dass die christliche Botschaft die Herzen aller Bekennenden erreicht und ihr Verhalten sich an der Nachfolge Christi ausrichtet. Vergangen geglaubte vorchristliche Kultur bricht neu auf und stößt die Tünche formalen Christentums ab. Die Christen selbst organisieren sich in ökumenischer Vielfalt, selbst die katholische Kirche ist keineswegs ein weltanschaulicher Monolith.

Unsere Gesellschaft bildet sich aus Menschen mit völlig verschiedenen religiösen, areligiösen oder gar antireligiösen Grundüberzeugungen. Als Bürger des Staates haben sie das jeweils gleiche Recht auf Gehör bei der Entwicklung politischer Entscheidungen und Gesetze. Dieses Recht braucht einen transparenten und demokratisch legitimierten Rahmen. Eine Aufnahme in parlamentarische Lobbyverzeichnisse wird diesem Anspruch nicht gerecht.

So hat z.B. die auf die deutsche Politik recht einflussstarke katholische Bischofskonferenz keinerlei demokratische Legitimation. Selbst wenn das absolut Unwahrscheinliche geschähe, und die gläubigen Katholiken wählten sich ihre Bischöfe, hätten diese doch nur das Recht, Repräsentanten und Sprachrohr ihrer Gläubigen zu sein.

Gleiches gilt für die Vertretungsorgane evangelischer Kirchen oder die Zentralräte von Juden und Muslime.

Für eine undurchschaubare Lobbykultur im Hinterland des Parlamentes mag das genügen, der Anforderung demokratisch legitimierter Wertentscheidungen und politischer Rahmensetzungen genügt es nicht.

Der Sozialphilosoph Johannes Heinrichs hat dazu bereits vor Jahren mit der Viergliederung einen interessanten, mich persönlich überzeugenden Vorschlag entwickelt und veröffentlicht.

Gesellschafts-Spiel Politik

Zur Querdenker-Akademie 2012 kam Joachim Sikora mit dem Vorschlag des Verfassungskonventes. Schon in unseren ersten gemeinsamen Überlegungen unter sechs Augen (inklusive Johannes Heinrichs) schälte sich eine Grundvereinbarung heraus:

> Wir wollten uns nicht auf die Fülle politischer Sachfragen und wichtiger Einzelthemen einlassen, denn damit würden wir uns verzetteln und in der Überfülle untergehen.
>
> Stattdessen wollten wir uns konzentrieren auf die „Spielregeln" politischen Geschehens, damit die so unterschiedlichen Fragen jeweils sachgerecht am Ziel des Gemeinwohls ausgerichtet entschieden werden.

Doch wer Verfassungen als Spielregeln bezeichnet, verharmlost er nicht Politik zum Spiel?

Politik erscheint als ein lustvolles Spiel – für die Drahtzieher der Macht. Doch auch für sie geht es handfest um Herrschaft und Einflussnahme, damit stets ihren Interessen gedient bleibt.

Für die Machtlosen ist es ein Scheiß-Spiel, eine entwürdigende, Menschen verachtende Realität. Wäre es auch für sie tatsächlich ein Spiel, hätten sie schon längst GAME OVER gerufen, das Spiel abgebrochen und die unfairen, mogelnden Spielverderber vom Platz gejagt.

Und doch wird der Begriff „Spiel" seit langem auch für sehr ernste zwischenmenschliche Formen des miteinander Umgehens gebraucht. „Spiele der Erwachsenen" nannte Eric Berne seinen Bestseller und heutigen Klassiker zur Transaktionsanalyse. Wirtschaftswissenschaftler erhielten Nobelpreise für ihre Spieltheorien.

Dazu Wikipedia:

Für spieltheoretische Arbeiten wurde bisher achtmal der Preis für Wirtschaftswissenschaften der schwedischen Reichsbank in Gedenken an Alfred Nobel vergeben, welche die große Bedeutung der Spieltheorie für die moderne Wirtschaftstheorie verdeutlichen: 1994 an John Forbes Nash Jr., John Harsanyi und Reinhard Selten, 1996 an William Vickrey und 2005 an Robert Aumann und Thomas Schelling. Für ihre Erforschung begrenzter Rationalität erhielten Herbert Simon 1978 und Daniel Kahneman 2002 den „Nobelpreis". Auch die Preise an Leonid Hurwicz, Eric S. Maskin und Roger B. Myerson im Jahr 2007 für ihre Forschung auf dem Gebiet der Mechanismus-Design-Theorie stehen in engem Zusammenhang zu spieltheoretischen Fragestellungen.

Im Unterschied zur klassischen Entscheidungstheorie beschreibt die Spieltheorie Entscheidungssituationen, in denen der Erfolg des Einzelnen nicht nur vom eigenen Handeln, sondern auch von den Aktionen anderer abhängt (interdependente Entscheidungssituation).

Der Begriff Spieltheorie beruht darauf, dass am Anfang der mathematischen Spieltheorie den Gesellschaftsspielen wie Schach, Mühle, Dame etc. große

Aufmerksamkeit gewidmet wurde. Dabei ist der Gegenstand der Spieltheorie nicht auf Spiele im gängigen Wortgebrauch beschränkt.

Ein Spiel im Sinne der Spieltheorie ist eine Entscheidungssituation mit mehreren Beteiligten, die sich mit ihren Entscheidungen gegenseitig beeinflussen.

Die politische Systematik hat also viel von einem Spiel, leider nicht dessen Leichtigkeit und Realitätsdistanz. Denn im politischen Spiel geht es um das echte Leben der Menschen.

Als Sozialpädagoge erlaube ich mir eine Betrachtung aus dem Blickwinkel pädagogischer Spieltheorie.

„Kommt, lass uns spielen" - welch unterschiedliche Perspektiven eröffnet dieser Satz, ob ich einen Ball, einen Satz Karten oder eine Puppe in der Hand halte. Und wollen wir Ballspielen, so besteht ein riesiger Unterschied zwischen Volleyball, Fußball oder Polo.

- Lassen Sie vor Ihrem geistigen Auge einen Jungen erscheinen, der allein an einer Hauswand mit einem Fußball kickt. Er tritt den Ball gegen die Wand, um ihn zurückprallend abzufangen und neu abzuschießen. Er inszeniert ein einfaches Aktion-Reaktion-Spiel und trainiert damit sein Ballgeschick. Theoretiker sprechen hier von „assoziativen Spielen".

- Nun sehen Sie ihn mit seinem Freund. Sie gehen den Bürgersteig entlang, kicken sich dabei

gegenseitig den Ball zu. Aktion-Reaktion geschieht im Miteinander der beiden Jungen mit
dem Ball, „kommunikatives Spielen" sagen die
Theoretiker dazu.

- Jetzt sehen Sie die Jungen in einem Park. Einer
  der beiden schlägt vor, einen bestimmten Baum
  in der Nähe zu treffen, der Abstoß sei hinter einer zu markierenden Linie. Jeder Treffer sei ein
  Punkt; Gewinner sei, wer als erster fünf Punkte
  habe. Damit – so die Theoretiker – ist aus dem
  Spielen ein Spiel geworden. Eine spezielle Qualität ist erreicht, Kriterien für ein „Spiel" werden
  erfüllt.

Damit aus „spielerischem Tun" ein „Spiel" wird,
braucht es

❖   den Spielraum; eine klar definierte Akti-
onssphäre schafft einen eigenen Erlebnisraum,
eine „Modellwelt", die nach eigenen Regeln gestaltet ist. So gilt eine auf Fisch- oder Pferde-
märkten gängige Wortwahl im Gerichtssaal o-
der „vor dem Hohen Hause" als deplatziert.
Kleiderordnungen heben den Bereich vom All-
tagsleben ab (z.B. Roben, aber keine Turnschu-
he zur Vereidigung).

❖   Begrenzungen; wann beginnt das Spiel?
Wann endet es? Wo findet es statt? Wann ist der
Ball im Aus? Wer ist Mitspieler, wer darf es
sein? Wer wählt aus? Wer ist Zuschauer, wer
Schiedsrichter?

❖ Interaktionsregeln; welche Regeln gelten innerhalb des Spielraumes und der Spielzeit? Was geschieht bei Regelverstößen?

❖ Spielobjekte; materielle Objekte, die das Spiel überhaupt ermöglichen (Ball, Schläger, Karten o.ä.) oder die Informationen zum Spielstand liefern. So können auch die Mitspieler selbst Spielobjekte werden, die z.B. im Feldspiel durch ihre Position Informationen über das Spiel geben.

❖ ein Spielziel; Spieler und Zuschauer müssen erkennen können, wann ein Spiel zu Ende ist. Die Dauer eines Spieles oder auch ein anzustrebender (End-)Zustand sind zu definieren.

Das Spiel bestimmen

Auch Politik ist ein „Spiel", ein sehr ernstes und nachhaltiges Spiel, geht es doch um die Gestaltung gesellschaftlicher Zustände. Die ins Spiel gebrachten Interessen machen Politik aber auch zu einem gefährlichen Spiel.

Immer wieder zwingen Machthaber dieser Welt den weniger Mächtigen und erst recht den Ohnmächtigen ihre Regeln auf. Sie definieren als ihr Spielziel die totale Beherrschung ihrer Mitspieler. Vorgebliche Spielregeln werden umgangen und gebrochen, wenn sie diesem Ziel nutzen; Mogeln ist Grundbestandteil der selbst verordneten Spielregel.

Es ist Zeit, dass wir uns solchem Spiel widersetzen und ein neues Spiel beginnen.

Unser Spielziel lautet:

Selbstverfügung des Menschen in personaler Würde zum gemeinsamen Wohl aller Mitspieler.

Machen wir uns nichts vor, mächtige Mitspieler wollen nicht, dass wir ihr Spiel verlassen oder gar beenden. Am Spiel nach unseren Vorstellungen ist ihnen nicht gelegen, sie würden viel verlieren. Also werden sie mogeln, tricksen und alle unfairen Register ziehen, wie ihre Spielregeln es ihnen bisher gestatteten.

Die aktuellen Vorgänge um Finanzmärkte und Rettungsschirme, aber auch um Schürf- und Nutzungsrechte zeigen, in welch tödlichem Spiel wir gefangen sind.

Noch haben wir die Chance, das Steuer umzulegen. Weg von der totalen ökonomischen Verwertung allen Lebens zu einem am Gemeinwohl orientierten Miteinander in Personenwürde.

Den meines Erachtens besten Weg zu neuen Spielregeln weist uns die dem Menschen innewohnende Logik zwischenmenschlichen Handelns. Dieses Handeln führt zu Strukturen des Miteinanders, zu sozialen Strukturen und Systemen.

Orientieren wir uns auch hier am menschlichen Maß, finden wir den Weg zu einer Politik, in der wir die Leitwerte unseres „Spiels" immer wieder auf ihre Aktualität prüfen und sie demokratisch über die Wertstufen sachgerecht ins Spiel bringen.

Der „alte Adam"

Auch ein neues Spiel wird doch nur von den „alten Menschen" gespielt. Die Geschichte ist angefüllt mit katastrophalen Revolutionen und Umstürzen, die einen „neuen Menschen" forderten und versprachen.

Viktor Frankl, der letzte große Psychotherapeut Wiener Schule, hinterließ uns als Einsicht, die Anständigen würden immer in der Minderheit sein, doch lohne es jede Anstrengung, dabei sein zu wollen.

Und der stets zitierfähige Herr Goethe meinte: „Nimmst Du den Menschen, wie er ist, machst Du ihn zum Teufel. Nimmst Du ihn, wie er sein könnte, so machst Du ihn zum Engel!"

Andererseits geistert ein neuer Begriff durch Talkrunden und Mediengeschwätz:„Politische Klasse". Eine Clique gesellschaftlicher Hasardeure und wirtschaftlicher Marodeure erklärt ihre Meinungsführerschaft und Deutungshoheit zu den gesellschaftlichen Entwicklungen.

Im Spiel „Gestaltung einer Gemeinwohl-Gesellschaft" treffen wir also auf die gleichen Typen von Mitspielern wie ehedem und jederzeit:

- Eine kleine Schar ideenreicher kulturell Kreativer, die sich aber häufig durch die eigenen Regeln beengt fühlen und mit dem Hinterteil zerstören, was sie mit den Händen aufbauten.

- Menschen, die den Anspruch eines „Kirchen-lichtes" erheben, ohne zu spüren, dass sie bei allen Ehrungen nicht über den Rang des „Arm-leuchters" hinauskommen.
- Es werden sich „Mitspieler" anbieten, die doch nur ihr eigenes Spiel durchbringen wollen.
- Vor allem aber haben wir es mit mächtigen und erfahrenen Gegenspielern zu tun. Spielern, die heute die Felder halten, die wir im neuen Spiel umgestalten und anders besetzen wollen.

„Zurück zum menschlichen Maß" bedeutet auch, in öffentlichen Dialogen und Debatten eine allgemein verständliche Sprache zu pflegen. Unter Verzicht fachspezifischem oder nur pseudowissenschaftlichem Wortgeklingel muss es auch dem akademisch Ungeschulten möglich sein, mit dem eigenen Hausverstand die Argumentationen zu verfolgen, sie zu verstehen, sogar sie zu durchdringen und weiterzuentwickeln.

Förderung und Schulung des allgemeinen Hausverstandes sowie die Kultivierung und Pflege der allgemein verständlichen Sprache werden so wieder zu einem grundlegenden Bildungsauftrag.

Nehmen wir als „Mitspieler im neuen politischen Spiel" aus guten Gründen also die Menschen so, wie sie sind, schon immer waren und wohl immer wieder sein werden. Dann aber spricht nichts dagegen, doch alles dafür, diese gewollten „Mitspieler" über einen breiten Bürgerdialog schon jetzt in

die Planung und Entwicklung des „neuen Spiels"
einzubinden.

Sie sind es ja, die die neuen Regeln per Referendum in Kraft setzen und sich später auch noch
daran halten sollen.

Erfolgs-Maßstab

An welchem Erfolgsmaßstab orientieren wir uns?

▽	Mein Auto
▽	Mein Haus
▽	Mein Flugzeug
▽	Mein Job

oder

▽	Eigene Einsicht
▽	Eigene Meinung
▽	Eigener Standpunkt
▽	Eigene Verantwortung

Wie oft wird Wohlstand oder dessen Erhalt durch Wohl-Verhalten erkauft?

Zeit für den Aufbruch

Pfeifen, nicht nur Lippen spitzen

Während „alternativlose" Politik den neoliberalen Beutezug schützend begleitet, sammeln wir kritische Analysen und Erfahrungen alternativer Ansätze und Projekte.

Die Baal-Währungen (€, $, £, ¥ als Zins-Währungen) wurden endgültig zum Herrschaftsinstrument der moneytheistischen Spekulanten.

Systematische Zerstörung von Volkswirtschaften und Sozialsystemen sind konsequente Folgen profitgetriebenen Investments von Banken, Hedgefonds, deren Eigentümern und Anlegern.

Politisch ausgehandelte „Rettungsschirme" und „Rettungspakete" erhöhen den Druck auf die „geretteten" Länder und deren Bevölkerung, gemäß den neoliberalen Zielen des „Washington Konsense". Den Bevölkerungen der Geberländer werden die Mittel zur eigenen Haushaltskonsolidierung entzogen; Sozial-, Kultur- und Bildungsetats leiden schon seit langem an Auszehrung. Kommunen verlieren ihre Haushaltshoheit durch Ausverkauf des Gemeingutes und die Kostenlasten aufgezwungener „Reformen".

Politik, Medien und die großen NGO´s sind fixiert auf die Bestandsicherung der alles beherrschenden und Gemeinwohl verzehrenden Finanzsysteme.

Es bestehen begründete Zweifel, dass diese Politik mit solchen Maßnahmen die proklamierten Ziele erreicht oder auch nur ernsthaft verfolgt, ist sie doch eingebunden in den Filz weltweit operierender Kapitalmächte. Eher ist ein grandioser Pyrrhussieg der Neoliberalen zu erwarten, dessen Kosten auf die beherrschte Bevölkerung übertragen wird.

Für gemeinwohlorientierte und sozialethisch verantwortungsbewusste Querdenker stellen sich damit Herausforderungen an ihre politische Kompetenz:

Wie kann im Scheitern offizieller Politik, bei Staatsbankrotten und der Selbstzerstörung bisheriger Finanzstrukturen durch den Wegfall der Imperialwährungen dennoch die wirtschaftliche Existenzsicherung der Bevölkerung und die kulturelle Entfaltung der Menschen wie der Gesellschaft erhalten und gesichert werden?

In Querdenker-Akademien, Finanzmarkt-Tagungen, der INITIATIVE ZUKUNFT, dem REGIONALEN AUFBRUCH, dem Berliner Innovationskreis u.a. haben wir in breiter Themenpalette vielschichtige Kompetenzen erworben und viele Fachleute im Anliegen des Gemeinwohl vernetzt.

Unsere Kompetenzfelder:

- Offensive und fundierte Ideologiekritik der neo- und ordoliberalen Glaubenssätze

- Kleinräumige Wasseraufbereitung und – Versorgung (Nutzwasser statt Schmutzwasser)
- Aufbau demokratischer Banken, Trennung von Geschäftsbanken und Investmentcasinos
- Regionales Kreislaufwirtschaften
- Komplementäre Regionalwährungen mit Umlaufsicherung
- Demokratieentwicklung zu Wertstufen-Parlamenten auf Kommunal-, Landes- und Nationalebene
- Förderung des Genossenschaftswesens
- Sozialethische und demokratiefördernde Bildung
- Dezentrale, regenerative Energiegewinnung und –versorgung
- Infrastruktur in Bürgerhand
- Entwicklung von Strukturen und Organisationen am „menschlichen Maß"

Mir ist keine zivilgesellschaftliche oder staatliche Organisation bekannt, die in dieser Themenbreite und deren Interdependenzen Kompetenzen bezeugen kann und Fachkräfte vernetzt.

Nun wird es Zeit, uns der damit zugewachsenen Verantwortung zu stellen, statt uns über nachrangige Fragestellungen untereinander zu streiten und uns so selbst zu lähmen.

Auch der wohlwollende Vorschlag eines Mediationsprozesses hilft nicht wirklich. Wir sind gefordert, Farbe zu bekennen.

Als zentrale Aufgabe für den REGIONALEN AUFBRUCH hatten wir erkannt:

„Die Erfahrungen regionalen Engagements in die politische Diskussion und Gestaltung einbringen." Dieser Satz ist unterschiedlich interpretierbar, vom fachlichen Dialog mit Mandatsträgern über öffentliche Erklärungen bis hin zu Parteibildungen ist alles offen.

Unsere Kompetenzen und Ressourcen bilden die Leitplanken eines realistischen Engagements. Materielle und finanzielle Ressourcen haben wir nicht, wir sollten nicht auf sie warten, um aktiv zu werden.

Doch auf das entstandene Kompetenznetzwerk können wir aufbauen. Bringen wir unsere Kompetenzen ein in die öffentliche Debatte um eine auf Gemeinwohl ausgerichtete Politik.

„Neue Politik aus der Kraft der Regionen" – brechen wir endlich auf!

❖ Von koordinierter Kräftebündelung zur kooperativen Menschenentfesselung

Unterwegs für eine stille Revolution

„Wenn die oben nicht mehr so können, wie sie wollen und die unten nicht mehr so wollen, wie sie sollen!", erkannte Lenin als Kennzeichen einer gesellschaftlichen Krise.

Noch aber schimpfen zu viele auf „die da oben", bleiben dabei gefangen vom Gefühl eigener Ohnmacht. „Die da oben" aalen sich nach der aktuellen kapitalistischen Flurbereinigung im beständigen Reichtum, gefangen in der Fantasie, jeder sei seines Glückes Schmied.

Bei allen Missständen, Ungerechtigkeiten und Machtmissbräuchen ist unsere Gesellschaft (anders als die DDR 1989) noch lange nicht in der Krise, entgegen allen über die Medien verbreiteten Behauptungen.

Eine Krise unserer Gesellschaft und damit die Chancen für einen weiteren grundlegenden Reifungsschritt werden, falls überhaupt, nur indirekt aus der ökonomischen Neuordnung entstehen - selbst wenn sie gegen Gemeinwohl und Bürgerinteressen wirkt.

Doch nur einmal angenommen, die Bürger ließen ab von ihren selbstbeschränkenden Fantasien des Ober- oder Untertan.

Die vielen, die sich „unten" wähnen, streiften ihr „Untertan-sein" ab, besännen sich der ihnen eigenen Personenwürde?

Die, die sich „oben" wähnen, gäben ihre Herrschaftsansprüche über Mitmenschen auf, besännen sich der ihnen eigenen Personenwürde?

Ist eine solche Annahme vor dem Hintergrund der Menschengeschichte auch eine Torheit, bleibt sie dennoch eine weise Torheit. Unterstellt solche Annahme doch die Möglichkeit der Menschen zur humanitären Besinnung und Verhaltensumkehr im zwischenmenschlichen Handeln.

Der Demokratie-Pilgerweg 2009 steht erneut im Dienst dieser weisen Torheit.

Mit dem Motto „Vom westfälischen Frieden zur europäischen Einheit" weitet er den Blick auf die geschichtlichen Entwicklungen des „christlichen Abendlandes". Er führt vor Augen die Spannweite von der Krone/Thron-Allianz über die Konzessionskriege, den Entwicklungen der Nationalstaaten zum wachsenden europäischen Staatenbündnis.

Konzentrierter und akzentuierter noch als beim ersten Demokratie-Pilgerweg 2007 thematisiert er die hinter-gründigen Fragen nach den Wertbezügen und ethischen Verankerungen gesellschaftlicher Mitgestaltung, eindeutig positioniert als öffentlicher Impuls eines politisch-sozial engagierten Christen.

Statt allerdings zu „missionieren" lädt dieser Pilgerweg ein zur radikalen Sicht auf die „Sache des

Volkes", der res publica. Radikal - tief wurzelnd - wird diese Sicht, wenn hinter der „Sache des Volkes" die „Sache des Menschen" als „Sache Gottes" erkannt wird.

Doch steht nicht Klage über die massenhaften und zweifelsfreien Missstände im Vordergrund, sondern der Blick auf die erhofften Möglichkeiten. Die Mängelklage wird abgelöst durch die Frage nach dem „Was wäre, wenn...?"

Nur mal angenommen heißt es immer wieder auf den (nicht nur) dekorativen Mindmaps am Pilgerkarren.

- **Nur mal angenommen,** wir nähmen den Artikel 146 Grundgesetz ernst. In welcher Verfassung würden wir leben wollen?
- **Nur mal angenommen,** wir nähmen uns als Bürger selbst ernst und würden uns ins Spiel gesellschaftlicher Gestaltung einbringen?
- **Nur mal angenommen,** Christen nähmen ihr „Vater unser" ernst. Welche Wirkungen hätte es auf menschliches Handeln und sich daraus ergebenden sozialen Ordnungen?

Von welchen Erfahrungen werden Menschen in den Begegnungen unterwegs erzählen, die ihr Handeln so ausrichten oder ausgerichtet haben?

Törichte Weisheiten und eine weise Torheit

Neu sind solche „Weisheiten" nicht, doch in früheren Jahrhunderten wurden sie als töricht und sozial schädlich anerkannt.

- **Jeder ist seines Glückes Schmied.** Sorgt jeder für sein eigen Wohl, wird allen wohl. Sicherheit entsteht nicht im sozialen Ausgleich, sondern in der individuellen Geldanhäufung. Was du dir nicht nimmst, nehmen andere. Also nimm und sorge vor für Alter, Krankheit, Pflege oder Einkommensausfall.
- **Freie Bahn dem Tüchtigen** - Leistung muss sich lohnen! Sei so tüchtig, dass Du von Entlassungen verschont bleibst.
- **Der Sinn jeden Wirtschaftens ist rentable Geldvermehrung.** Was diese behindert, ist abzuschaffen: Kosten wie Löhne, Steuern, Kreditzinsen. Investitionen sind mit öffentlichen Mitteln zu finanzieren, die Erträge aber gehören den Unternehmen.

Forciert von der Chicagoer Ökonomengruppe um Milton Friedman gewann das moneytheistische Credo nach dem Zweiten Weltkrieg an Bedeutung. Politisch wirksam wurde es unter Pinochets Diktatur in Chile. Als Reaganomics fand es über Ronald Reagan, Margret Thatcher und Helmut Kohl Eingang in die Politikkonzepte der führenden Industriestaaten G7, mit Russland heute G8. Die schwedische Zentralbank leistet es sich sogar, mit einem vorgeblichen „Nobelpreis" neoliberale Wirtschaftstheorien zu adeln und der Verblendung durch die Geldplus-Ideologie Vorschub zu leisten.

Zum Unbehagen der Wirtschaftsideologen verlässt sich der Normalbürger immer noch zu sehr auf den gesunden Menschenverstand. Damit aber nimmt er wahr: all die Reformen zur Belebung der Wirtschaft führten

- zur Bereicherung der Wirtschaftseliten bei gleichzeitigem Anstieg der Arbeitslosigkeit,
- zur Auszehrung öffentlicher Kassen,
- zur Zerstörung von Kultur- und Sozialstaat,
- zu Ressourcenvergeudung und Umweltzerstörung,
- zu verschärfter Abhängigkeit der Entwicklungsländer
- und zur Brasilianisierung der Industriestaaten.

Um die renitenten Bürger auf die von der Wirtschaftselite geforderten Reformen einzuschwören, hält ein Bundespräsident seine Ruck-Rede, gründen Arbeitgeber die „Initiative Neue Soziale Marktwirtschaft" und fördert die Bertelsmann-Stiftung Projekte der Kinder-, Jugend- und Erwachsenenbildung. Polittalks à la Christiansen, Jauch, Will, Plasberg oder Illner hämmern regelmäßig mit den törichten Weisheiten auf die Bevölkerung ein. Systematisch werden Lehrstühle mit Aposteln des Moneytheismus besetzt, Medien auf Linie gebracht und Kritiker ausgebootet.

Selbst in den Kirchen kann man sich nicht mehr sicher sein, ob mehr dem Monotheismus oder dem Moneytheismus gepredigt wird. So wird der (inzwischen pensionierte und als freier Berater tätige) Geldapostel und Chefökonom der Deutschen Bank hofiert in katholischen Verbänden, Diözesanräten, dem Zentralkomitee der deutschen Katholiken oder dem Rheinischen Merkur. Innerkirchliche Strukturreformen orientieren sich an den Vorgaben der Unternehmensberatung McKinsey, ersetzen theologische Argumente durch betriebswirtschaftliche und kreieren Begriffsschöpfungen wie „effiziente Pastoral".

Wieder einmal zeigt die Dummheit ihre verführerische Macht. Die sich nicht anstecken lassen, ziehen sich in akademische Zirkel und Tagungen zurück und beratschlagen, ob und wie sie möglichst risikoarm des Kaisers Nacktheit benennen können.

Nie war es leicht, gegen die öffentlich herrschende Meinung die Stimme zu erheben. Leicht gerät man ins Abseits, wird disqualifiziert als Sozialromantiker, Gutmensch, Nörgler oder inkompetenter Besserwisser. Schnell kann dieses argumentative Abseits zum beruflichen und wirtschaftlichen Abseits umschlagen. Gott Baal und seine Diener sind seit jeher ungnädig. Auch sind Mittel und „Waffen" äußerst ungleich verteilt. Über einen Millionen Euro schweren Haushalt wie die „Initiative Neue Soziale Marktwirtschaft" verfügen Gemeinwohl-Vertreter nicht.

Wie und wo also strategisch ansetzen? Wie wäre es, nicht direkt gegen die herrschenden Toren zu kämpfen, sondern jene Kraft zu stärken, die die Dummheit seit jeher als ihren Hauptgegner erkennt: den gesunden Menschenverstand?

So entwickelte sich eine Idee, die dumm in den Augen der Toren ist:

Zu den Menschen zu gehen und sie ermutigen, ihren Gefühlen, ihrer Alltagsweisheit zu trauen und dem öffentlichen Schwulst kritisch zu begegnen.

Sie erinnern an die verschütteten und verdrängten Träume von Gemeinwohl und Solidarität, von Selbstverfügung des Lebensraumes und demokratischer Partizipation?

Kein Kreuzzug, sondern eine Einladung, sich auf den Weg zu machen. Auf den Weg, die Träume zu realisieren.

Sich selbst für solche Träume auf den Weg machen, z. B. für Demokratie zu pilgern, um den herrschenden törichten Weisheiten eine weise Torheit entgegenzusetzen.

Unnütz – dennoch sinnvoll

Mittlerweile ist sie mir zu einer Lieblingsfrage geworden: Welchen Nutzen bringt der Demokratie-Pilgerweg? Dank den Vielen, die diese Frage immer wieder in unterschiedlicher Form stellen. Mir selbst war diese Frage nie gekommen, doch zeigt sie sich als eine Grundfrage unserer Zeit. Was hat welchen Nutzen - wem nützt es?

Keinem! – lautet meine wohl überlegte Antwort.

Es bringt Niemandem Nutzen, wenn ein Mann wochenlang einen schweren Karren mit eigener Kraft durch das Land zieht und unterwegs Gespräche führt.
Haben wenigstens die Gespräche einen Nutzen? Vielleicht ja – vielleicht nein; welche Einsichten und Folgen die Gespräche am Wegesrand auf die Gesprächspartner haben, entzieht sich meiner Kenntnis - kein geregeltes Feedback, keine Bilanz.

Der Demokratie-Pilgerweg ist ein nutzloses Unterfangen und hat gerade darin seinen Wert.
Nützlichkeit hat in den ökonomischen und technischen Sphären seinen Platz. Doch in der Gesamtschau des Lebens spielt sie eine bescheidene Nebenrolle.

Wie nützlich ist die Klangfülle eines Orchesters? Wenn man überhaupt eine Melodie spielen muss (zu welchen Nutzen), könnte doch ein guter Harmonikaspieler den Job erledigen. Welch ein Einsparpotenzial!

Sogar die Natur und die Schöpfung scheren sich einen Deut um Nützlichkeit. Ein gezielter Ableger, eine gezielte Befruchtung reichte aus, den Fortbestand einer Blume, eines Baumes, Tieres oder gar des Menschen zu sichern. Aber nein, die Natur verschleudert Samen und Früchte in zigtausendfacher Überfülle. Verbindet den Besamungsakt beim Menschen sogar mit solcher Lust, dass die Menschen immer wieder diese Lust genießen, auch ohne Fortpflanzungswillen.

Ein nach allen Erkenntnissen unbelebtes Weltall allein zu unserer Freude, unnütz oder sinnvoll?

Menschen machen sich unnütze Gedanken, lassen sich auf Fantasien ein, die sich nicht produktiv verwerten lassen. Un-Nutz wohin man sieht – könnte man da nicht verzweifeln?

Der Demokratie-Pilgerweg soll nicht nützen, er wirft Sinnfragen auf.

Willkommen, die Fremdes bringen und die Altes bewahren

Menschliche Gesellschaft unterliegt seit jeher ständigem Wandel. Die Dynamik dieses Wandels hat sich allerdings in den vergangenen Jahrhunderten zunehmend beschleunigt.

Immer deutlicher differenziert sich die Gesellschaft in unterschiedliche Interessensphären, wobei sich die Ökonomie als zentrale Anspruchsmacht generiert und den ihr zustehenden instrumentellen Rang unzulässig und zum Schaden des Gemeinwohls überschreitet.

Bevölkerungsentwicklungen (Wachstum, Rückgang, Wanderungen etc.) sind immer Herausforderungen zur Gestaltung des sozialen Miteinanders, also eine demokratische Herausforderung. Demokratie erschöpft sich aber nicht in Abstimmungen und Zählung von Mehrheiten. Diese stehen erst am Ende eines Prozesses der Willensbildung, der möglichst breite Schichten der Bevölkerung einbezieht und die gesamte Lebensfülle berücksichtigt.

Auf die aktuellen demografischen Entwicklungen in den Völkern und Staaten der Europäischen Union und auch die Migrationsbewegungen über die Grenzen Europas hinaus lassen sich nur dann tragfähige Lösungen entwickeln, wenn wir die verengte Sicht auf Arbeitsmarktprobleme und Beschäftigungspolitik aufbrechen und ausweiten in die reflexionslogischen Dimensionen menschlichen Lebens.

Die Herausforderung

Aufgabenstellung und Herausforderung politischen Handelns ist die rechtsverbindliche Festlegung jener Spielregeln, auf die eine Gesellschaft zum gemeinwohlorientierten Zusammenleben angewiesen ist.

Dabei sind die vielschichtige und umfangreiche Lebensfülle des Menschseins wie auch die jeweilige Eigenart der unterschiedlichen Sphären zwischenmenschlichen Handelns zu berücksichtigen.

Die von Johannes Heinrichs entwickelte viergliedrige Reflexionslogik ermöglicht eine umfassende Betrachtung der jeweiligen Sachfrage und damit ihre sachgerechte Behandlung.

Als reflexionslogische Ebenen werden unterschieden:

- **Letztwerte,** was die Gesellschaft im Inneren zusammenhält,
- **Kultur,** wie die Gesellschaft ihr soziales Miteinander gestaltet,
- **Politik,** gesetzlich strategische Regelung von Machtverhältnissen,
- **Wirtschaft,** Organisation der materiellen existenzsichernden Ressourcen.

Diese unterscheidbaren Sphären sind trotz ihrer jeweiligen Eigenart und Eigendynamik eng miteinander verbunden, nicht voneinander zu trennen und in einer inneren Ordnung aufeinander bezogen.

Das Ausblenden einer dieser Sphären amputiert die Wirklichkeit menschlichen Lebens und führt zu falschen, unsachgemäßen Lösungen.

Letztwerte

Befriedetes oder gar friedvolles Zusammenleben in einer Gesellschaft und zwischen den Nationen bedarf der Verständigung auf und Akzeptanz von grundlegenden Werten, an denen sich das zwischenmenschliche Handeln ausrichtet.

Selbst wenn diese Werte „nur" visionäre Leitideen sein können, sind sie doch Orientierungsmaß gesellschaftlicher Gestaltungsprozesse.

Menschliche Rechte und Menschenrechte sind nicht allein im Menschen (anthropologisch) begründet, sondern in philosophischen oder transreligiösen Reflexionen zum „Mensch sein".

Rechte des Menschen ergeben sich damit nicht aus sich selbst, sondern aus den sittlichen Verpflichtungen menschlicher Existenz.

Menschen sind darauf angewiesen, zur eigenen Lebenssicherung die materiellen Ressourcen ihrer Umwelt arbeitend zu erschließen und sie in technischen Prozessen nutzbar zu machen. Jeder Mensch hat die sittliche Pflicht, sich mit seinen Fähigkeiten an diesem Prozess zu beteiligen und also zur eigenen Existenzsicherung beizutragen.

In dieser sittlichen Pflicht gründet sich dann auch sein Recht, alles zu erhalten, was ihm die Erfüllung dieser Pflicht ermöglicht. So entsteht sein Recht auf freien Zugang zu den Schöpfungsressourcen und dem Eigentum an Produktionsmitteln, die ihm die für seine Existenzsicherung (und die seiner Familie) notwendige wirtschaftliche Tätigkeit erlaubt. Dieses Recht findet seine Grenze dort, wo es den berechtigten Eigenanspruch überschreitet und die berechtigten Ansprüche von Mitmenschen beschneidet.

Das Recht des Menschen auf den freien Zugang zu Schöpfungsressourcen entfaltet sich sowohl im Recht auf Heimat als auch im Recht auf Welterkundung. Die Entscheidung zu Sesshaftigkeit, Reisen oder dauerhaftem Ortswechsel gehört somit zu den Freiheitsrechten. Politische Einschränkung der Bewegungsfreiheit einerseits oder die Vertreibung andererseits verletzen diese Rechte. Im gleichen Maße werden diese Rechte verletzt durch strukturelle Lebensbedingungen, die ein menschenwürdiges Leben nicht zulassen, seien sie wirtschaftlich, politisch oder kulturell bedingt.

Derart begründete Migration als Flucht vor menschenunwürdigen Lebensbedingungen ist individuell berechtigt, zugleich eine Herausforderung gerechter Politik.

Kultur

Verschiebungen in der Bevölkerungsstruktur sind stets auch Aufforderungen an das soziale Miteinander. Massive Veränderungen im Generationsverhältnis oder auch der Zuzug vieler Menschen aus anderen Kulturkreisen führen zu Spannungen in der ökonomischen Versorgungsstruktur (z. B. Sozialversicherungssysteme), in den politischen Willensbildungsprozessen (Ansprüche auf Partizipation und angepasste Machtkonstellationen) wie auch im Stil zwischenmenschlichen Handelns (unterschiedliches milieu- oder kulturell bedingtes Sozialverhalten).

Not-wendend werden gesellschaftliche Dialoge über diese Spannungen und mögliche Lösungsansätze auf der Basis gemeinsam akzeptierter Werte.

Im Konzept „gastfreundlicher Kulturen" sind die nationalen und regionalen Kulturen zu achten und zu pflegen. Sie wiederum haben als Gastgeber Respekt zu wahren vor den fremden Kulturen.

So lässt sich ein Europa der vielfältigen Kulturen bewahren und befriedend weiterführen.

Politik

Der gesellschaftliche Dialog über die sozialen Herausforderungen und Lösungen mündet in die Gestaltung rechtsverbindlicher Regelungen zwischen den Bürgern untereinander als auch zwischen den Bürgern und gesellschaftlichen oder staatlichen Institutionen. Dem weiten gesellschaftlichen Dialog entsprechend ist eine breite Beteiligung der Bürger an den parlamentarischen Entscheidungen (z. B. Bürgerentscheid, Bürgerhaushalte) als auch ein Korrekturrecht (z.B. durch Referenden) zu gewährleisten.

Im Rahmen der Migration zugewanderten Mitbürgern ist die volle Beteiligung an den gesellschaftlichen Dialogen zu sichern, Mitentscheidungsrechte jedoch sind grundsätzlich an die Staatsbürgerschaft zu koppeln. Auch hier ist gegenseitig das Gastrecht zu beachten.

Wirtschaft

Der geschichtlich entstandene, dennoch unzulässige Primat des Ökonomischen führte zu sozial unerträglichen und ethisch unzulässigen Verwerfungen in der Gesellschaft. Ungehinderter renditegetriebener Kapitalismus setzt weltweit die Menschen wie einen Spielball in Bewegung, reduziert sie auf „Human Ressource" und nimmt Beschäftigungspolitik als „Bewirtschaftung von Humankapital" in den Dienst eines scheinbar freien Marktes.

Die aus der sittlichen Pflicht zur eigenen Existenzsicherung und den damit begründeten Rechten auf Arbeit und (begrenztem) Eigentum an Produktionsmittel werden missachtet. Wirtschaft als Instrument gesellschaftlicher Existenzsicherung und Versorgung wurde verselbstständigt, seine Herrschaft über die Gesellschaft angetreten.

Wirtschaft in den ethisch zulässigen Rang zurückzuführen zählt zu den großen, heute visionären Herausforderungen.

Zu den ersten Schritten zählen m.E.:

- Beteiligung aller Bevölkerungsschichten an dem ständig wachsenden Reichtum der Gesellschaft. Sicherstellung eines gerechten Ausgleichs erbrachter gesellschaftsrelevanter Leistungen durch ein so **bedingtes Grundeinkommen** (z.B. BdKJ-Konzept).

- Rechtliche Klarstellung der Unternehmen als kooperativen Personalverbund, in dem Menschen sich aus unterschiedlichen Gründen zum gemeinsamen wirtschaftlichen Tun zusammenfinden. Volle Mitverantwortung aller Beteiligten an den Unternehmensentscheidungen im Rahmen einer **Unternehmensverfassung**.

- Sicherung der Existenzgrundlagen in der jeweiligen Heimat der Menschen, damit sie nicht zur Migration gezwungen oder genötigt sind. Klassische Entwicklungshilfe ist zu ersetzen durch ein Kooperationskonzept wie etwa dem **Global Marshall Plan.**

Bürger 3.0 ?

Kann es wirklich unsere Aufgabe sein, den Bürger
darauf hin zu bilden und zu formen, dass er sich
gegebenen Verhältnissen anpasst? Fordert die
Komplexität gesellschaftlicher Vorgänge und Strukturen einen „Neuen Bürger" - Upgrade auf 3.0?

Statt ständig die menschliche Aufnahme- und Ge-
staltungsfähigkeit zu überfordern, könnten doch
die gesellschaftlichen Strukturen auf die menschliche Begrenztheit und Fehlerhaftigkeit ausgerichtet
werden. Nicht „die Menschheit", sondern der konkrete Mensch in der ihm gemäßen Wesenhaftigkeit
ist zum Maß jeder gesellschaftlichen Ordnung zu
erheben, forderte der Nationalökonom Leopold
Kohr. Sein österreichischer Landsmann Josef Anton
Stüttler unterstrich, der konkrete Mensch in seiner
Wesenhaftigkeit sei als Ausgang und Ziel aller Politik anzuerkennen.

Ist der konkrete Mensch aber Ausgang und Ziel der
Politik, so ergeben sich daraus als Ziele des politischen Handelns:

- Befriedeter Lebensraum für die Menschen, um
  in personaler Selbstverfügung orientiert am
  Gemeinwohl miteinander zu leben.
- Kooperationen über die eigenen, regionalen
  Lebensräume hinaus zur gegenseitigen Ergän-
  zung und Förderung der Selbstwirksamkeit al-

ler Mitmenschen in weltumspannenden Nachbarschaften.

- Verzicht auf jede Form einer Beherrschung oder würdeverletzender Ausnutzung von Mitmenschen zu eigenen Zwecken und Nutzen.

Bunte Vögel

Den Pragmatikern und Scheinrealisten sind Querdenker, Gaukler und Künstler ein buntes Dekor im grau-samigen Lebenstrott.
In der Voliere querakademischen Treibens eine Kakophonie des „Wir müssten, sie müssten, er sie es müsste..." - verharrend im müsstichen Konjunktiv.
Ermunterer machen aus Querdenkern Möglichkeitsdenker, doch erst Ermöglicher lösen gedankliche Gitterstäbe auf.

Kongenial wandeln bunte Vögel zu Greifen.

Neues Denken einüben

Lässt sich die generelle Zustimmung zur grundlegenden Demokratiereform mit der kritischen Überlegung zur Umsetzung und dem Verstehen durch die „einfachen Menschen" verbinden?

Eine in hohem Maß berechtigte Frage. Nach meiner Lektüre der „(R)Evolution der Demokratie" vor einigen Jahren legte ich dem Autor und Sozialphilosophen Johannes Heinrichs meine Einschätzung so vor:

Wollen wir diese neue Demokratie-Struktur demokratisch umsetzen, müssen wir die verfassungsgestaltende Mehrheit der Wähler gewinnen. Von denen aber haben sicher über 95% nicht Sozialphilosophie studiert.

In einer großartigen Reaktion legte Heinrichs kurz darauf die Kurzfassung als „Demokratiemanifest für eine schweigende Mehrheit" vor. Doch auch dieser Schritt ist nicht weitreichend genug zur Bildung und Mobilisierung breiter Wählerschichten. Ist aber das die Aufgabe des philosophischen Denkers?

Hier haben Andere arbeitsteilig ihre Kompetenzen einzubringen!

Als Dipl.-Sozialpädagoge mit dem Schwerpunkt „politisch-soziale Bildung" stelle ich mich seither diesen Herausforderungen und sammle gute Erfahrungen.

Zu diesen Erfahrungen zählt vor allem, dass sich die von immer wieder angeführten „einfachen Mitarbeiter einer Fabrik" für die Wertstufendemokratie ebenso wenig interessieren wie für die politischen Theorien eines Montesquieu, Hobbes, Locke, Rousseau, Müller-Armack oder Robert Kennedy. Begeisterung lässt sich bei den Massen allein erzielen durch propagandistische Slogans: kurz, griffig, doch als Variante des betreuten Denkens hochmanipulativ.

Einen guten, erfolgreichen Vermittlungsansatz erlebe ich bei den Menschen, die sich auf überschaubarer Ebene mit Gleichgesinnten zusammentun, um mehr personale Selbstverfügung im eigenen Lebensraum zu erwirken. Seien es Betriebs-, Personal- oder Pfarrgemeinderäte: sie erlebe ich aufgeschlossen für die „Logik des Sozialen".

Dieses dem Menschen immanente zwischenmenschliche Verhaltensmuster lässt sich in einfachen Übungen nachvollziehen. Ausgehend von diesen Selbsterfahrungen der vier unterschiedlichen Wert-Sphären ist dann die „Einführung in die Reflexionslogik" leistbar.

Prof. Heinrichs hat als Philosoph seinen Beitrag in gedanklicher und begrifflicher Schärfe zu leisten, sein Denken und Vortragen überfordert oft nicht nur den philosophisch Ungeübten. Da gleicht er dem theoretischen Mathematiker oder Physiker, der als Grund-, Haupt- oder Gymnasialschullehrer unter Niveau eingesetzt würde.

Hier sind Vermittler gefragt. Analog dem Lehrer für Rechnen oder Physik vermitteln wir das kleine und große 1x1, geben Einführungen in das fachwissenschaftliche Denken und zeigen in praktischen Übungen die Gravitations- und andere Gesetze auf.
Im Feedback meiner Seminare taucht dann immer wieder auf: Die Viergliederung der Reflexionslogik führt zu einem neuen Wahrnehmen und Denken; der Umgang damit ist übungsbedürftig, doch sehr hilfreich.

Zugegeben, es ist ein mühevoller Weg zu neuer, souveräner Demokratie. Doch ist es ein Weg, der die dem „betreuten Denken" immanente demagogische Gefahr mindert.

Wagen wir den Spagat!
Bleiben wir Schüler vor der Philosophie und zugleich Übungsleiter in der Praxis.

Möglichkeitsdenker

Möglichkeitsdenker sind nach Einschätzung des Logotherapeuten Viktor Frankl (1905-1997) Menschen, die auch und vor allem in bedrohlichen Situationen Ausschau nach Handlungsschritten halten, die Bedrohung abzuwenden bzw. ihr zu entkommen.

Working poor in Europa

Ein persönlicher Tagungsbericht, vom Veranstalter erbeten.

KSI und Europäisches Zentrum für Arbeitnehmerfragen (EZA) hatten eingeladen zur Europäischen Tagung nach Bad Honnef, gefördert von der EU. Vom 2.- 4.Mai 2012 galt es, eine Situationsbeschreibung zur Armut von Arbeitnehmern und Analysen von Hintergründen vorzulegen sowie der Diskussion von Strategien und Konzepten der Armutsbekämpfung Raum zu geben.

Mein Resümee zu Beginn: Ihren Wert gewann diese Tagung weniger durch die wiederholt vorgetragenen und aktualisierten soziologischen Befunde als vielmehr durch die schärfer akzentuierten Fragestellungen.

„Worin besteht das Wesen, was sind die Ursachen und Wurzeln der Missstände, die in der Gesellschaft vorhanden sind, und was sind die Heilmittel zu deren Behebung?", hatte bereits 1947 der Moraltheologe und Innsbrucker Ordinarius für Wirtschaftsethik, Professor Johannes Kleinhappl, die ewige und ständig neue soziale Frage definiert.

Die vorgelegten Befunde (vor allem von Teodora Tchipeva, EU und Dr. Frank Bauer, IAB) belegten zum wiederholten Mal die Existenz gesellschaftlicher Gruppen in den Ländern der EU, die zwar gute geistige und körperliche Arbeitskräfte ihr Eigen nennen, der Einsatz dieser Kräfte ihnen aber weder wirtschaftliche Existenzsicherung noch kulturelle Teilhabe erlauben. Sie verfügen nicht über die Arbeitsmittel, an denen sie ihre Arbeitskraft betätigen könnten. So sind sie in Erwerb, wirtschaftlicher Existenzsicherung und gesellschaftlicher Teilhabe abhängig von jener Gruppe, die so viel an Arbeitsmitteln und Werkgut in ihrer Gewalt und unter Kontrolle hat, dass sie daran fremde Arbeitskräfte gemäß eigener Bedingungen beschäftigen kann.

War diese strukturbedingte Erwerbsabhängigkeit in den Jahren breiter gesellschaftlicher Konsummöglichkeiten und vorgeblicher Sozialpartnerschaft vielfach außer Blick geraten, so gewinnt sie seit dem Wegfall des ideologischen Gegenmodells „Kommunismus" durch die ungebremste Profitorientierung der Wirtschaftsbeherrscher neue Brisanz.

Das während der Tagung mit dem Begriff „working poor" bezeichnete Phänomen greift vielschichtig:
• Armut trotz Arbeit;
• Armut durch Arbeit bei Dumpinglöhnen ;
• Armut durch ungesicherte Arbeitsverhältnisse:
• existentielle Abhängigkeit durch „Arbeit pur" ohne Zugriff auf not-wendende Arbeitsmittel;

- in der Arbeit erbrachte Wertschöpfung wird von Anderen abgeschöpft (arbeitslose Einkommen).

Die soziologisch nachweisbare Ausweitung der „Armut bei/durch Arbeit" wird begleitet von den wachsenden Einkünften derer, die den Zugriff auf arbeitslose Einkommen haben.

Leider konnte die Frage nach dem Anteil gesamtgesellschaftlicher Wertschöpfung durch unterbezahlte oder unbezahlte Arbeit nicht beantwortet werden, dazu fehlte die Datenbasis.

Die Ausführungen von Frau Tchipeva zeigten, wie ein mittlerer bis hoher Beschäftigungslevel (0.5-0.8) das arbeitsbedingte Armutsrisiko drastisch senkt, die weitere Erhöhung des Beschäftigungslevels auf „Very High (0.8-1.0)" allerdings keine wesentliche Risikostabilisierung bringt. Hier eröffnen sich Denk- und Arbeitsansätze für Arbeitsverteilungskonzepte im Sinne einer Tätigkeitsgesellschaft.

Die von den Referenten vorgetragenen Strategien der EU zur Armutsbekämpfung konzentrieren sich auf

- Aktive Eingliederungspolitik bei Flexibilisierung der Arbeitsmärkte;
- Anhebung des Lohnniveaus;
- Steigerung der Arbeitsintensität.

Seitens der Teilnehmer zeichnete sich ab, dass vor allem eine materielle Grundsicherung durch (indexierte) Mindestlöhne, bedingungsloses Grundeinkommen und Ausbau der Arbeitsintensität pro Haushalt favorisiert werden. An der Situation deutscher Gewerkschaften wurde deren Ohnmacht deutlich: während sie für einen gesetzlichen Mindestlohn von 8,50 € kämpfen, sind sie gleichzeitig zu Tarifabschlüssen weit unterhalb dieses Anspruchs gezwungen.

Einen etwas weitergehenden Weg stellte Eddie Follan mit der in Schottland verankerten Poverty Alliance vor; das Konzept des „Living wage" geht über die Mindestlohnforderung hinaus. Arbeitslöhne hätten nicht nur das Überleben zu ermöglichen, sondern ein Leben in sozialer Stabilität und kultureller Teilhabe. Diese Überzeugung führte zu einer starken Allianz von etwa 50 Aktionsträgern, die diese sozialpolitische Forderung in Gesellschaft und Politik tragen.

Die Diskussion dieses Beitrages zeigte
- einerseits die Notwendigkeit und Erfolgschance breiter Aktionsbündnisse mit sozialpolitisch erreichbaren Zielen (etwa in Deutschland das Aktionsbündnis für den arbeitsfreien Sonntag)
- andererseits den Bedarf an präziser sozialethischer Zielbeschreibung, die das sozialpolitisch Machbare übersteigt und die dahinter stehende Gerechtigkeitsforderung betont.

Die Forderung der Poverty Alliance nach „ausreichendem Lohn" erweist sich so als Teilschritt auf den von Albertus Magnus und Thomas v. Aquin geforderten „gerechten Tausch", der den vollen Ausgleich der erbrachten Arbeitsleistung und erwirkten Mehrwertes sichert.

Die Kommodifizierung (Vermarktung) der menschlichen Person auf die ökonomisch verwertbare Arbeitskraft reduziert den „wahren Menschen" auf die Ware „Mensch" und erweist sich als zentrale Herausforderung an eine humane Sozialethik und –politik. Reicht die von der EU als Ziel für 2020 beschlossene „Verringerung von Armut und sozialer Ausgrenzung"? Sollte Armutsbekämpfung nicht vielmehr bedeuten: Beseitigung der Ursachen der Armut in allen Kontexten - individuell, sozial und strukturell?

Die nach langen, intensiven Diskussionen von Prälat Franz Hitze 1884 durchgesetzte Entscheidung des Zentralen Komitees deutscher Katholiken wirkt als Doktrin der Soziallehre und Sozialverbände bis in die heutige Zeit nach: die Lebenssituation der Arbeiter im grundsätzlich akzeptierten System profitorientierter Kapitalwirtschaft verbessern; die Arbeiter sind vor den Auswüchsen ungebändigten Kapitalismus zu schützen, der Kapitalismus auf ein humanverträgliches Maß zu bändigen.

130 Jahre später erleben wir endgültig den Misserfolg dieses Konzeptes und sind zur grundsätzlichen Neubesinnung und -orientierung gezwungen.

In den Diskussionen im Plenum und den Gesprächen am Rande der Tagung war immer wieder die Unschärfe und Vieldeutigkeit der verwendeten Begriffe erfahrbar. Ein hoher Nachholbedarf im „kleinen und großen 1x1 der Sozialethik" wurde deutlich.

Exemplarisch die Diskussion um die Selbstdefinition der CARITAS CZECH REPUBLIC als „nonprofit apolitical NGO". Hintergrund dieser gewählten Formulierung ist laut Jaromir Bílý die „historische Hypothek einer politischen Kirche aus der Zeit 1920-39". Kann aber eine Organisation, die sich in der Armutsbekämpfung engagiert, unpolitisch sein? Ist eine Organisation, die politisch wirksam tätig wird, bereits eine „politische Organisation"? Christliche Soziallehre spricht von „strukturellen Sünden", wie geht die tschechische Caritas damit um?

Sprach- und Übersetzungsprobleme ließen eine vertiefende Debatte an dieser Stelle nicht zu.

An verschiedenen Stellen wurde der Anspruch erhoben, Arbeit und Wirtschaft müssten „kulturell eingebettet" werden. Die Verbände und Träger der Arbeitnehmerbildung stehen damit vor der Aufgabe, Konzepte zu entwickeln und auf eine Politik hinzuwirken, die

- Staatsziele sozialethisch präzise begründet und demokratisch legitimiert;
- entsprechende gesellschaftliche Verhaltensweisen kulturell entfaltet und fördert;

- Normen, Regeln und Gesetze auf die vereinbarten Ziele ausrichtet;
- wirtschaftliche Rahmenbedingungen zur Förderung am Gemeinwohl orientierter unternehmerischer Tätigkeiten und Sanktionierung Gemeinwohl schädigender Tätigkeiten gestaltet.

Meta noin

Umdenken zu Frieden durch Gerechtigkeit und Liebe erfordert viele persönliche Dialoge. Medien können diesen Prozess ergänzen und vertiefen, jedoch nicht ersetzen.

❖ **Im Grunde ist alles ganz einfach! Anstrengend und beschwerlich ist es, einer komplexen Sache auf den Grund zu gehen.**

Anhang

Die folgenden öffentlichen Erklärungen basieren auf Entwürfen des Autors.

Regionaler /
AUFBRUCH

Manifest des Regionalen Aufbruch e.V.

Deutschland nach dem Kollaps

Die Gesellschaft wird geplündert.

Nach dem Zusammenbruch kommunistischer Staaten und sozialistischer Wirtschaften sahen und erklärten sich die Vertreter marktfundamentalistischer Ökonomie zu Siegern im ideologischen Wettbewerb.

Seitdem unterwerfen sie offen die Politik dem Markt, hebeln immer wieder die Demokratie aus und zerstören mit erzwungenen „Reformen" kulturelle und soziale Errungenschaften.

Länder mit unterschiedlichen sozialen und ökologischen Standards werden auf den entgrenzten Märkten mittels des Profits als einzig gültigem Maßstab gegeneinander ausgespielt. Weltweit agierenden Spekulanten wurde Raum gegeben, sie können ungehindert walten und schalten. Einstmals noch seriöses Bankwesen wurde zur „Finanzindustrie" und „Investment-Casino", in dem Realwirtschaft geplündert, Währungen verzockt und Staaten ruiniert werden.

Entscheidungsschlacht

Als Bankenkrise tobt aktuell eine große Entscheidungsschlacht um die Vorherrschaft eines weltumspannenden Moneytheismus. Auch wenn wir erfreut zur Kenntnis nehmen können, dass anders als in früheren Epochen diese Schlacht (noch) nicht militärisch geführt wird, sehen (und sind) wir doch die Opfer dieses Ideologiekrieges.

Eine von der Rendite-Ideologie getriebene „Ökonomie" schwingt sich auf zur Herrschaft über das gesamte gesellschaftliche Leben und plündert die ökologische Basis unserer Existenz.

Ethische Appelle und Prämissen missachtend, opfert sie soziale und kulturelle Leistungen und bedient sich des Rechtssystems zur Absicherung ihrer Beutezüge.

Prekäre Lebensbedingungen prägen immer weitere Kreise unserer Bevölkerung. Menschen werden entwürdigt und als Steinchen ökonomischer Spieltheorien nach Belieben der Mächtigen verschoben.

Empörung

Offen und sichtbar für jeden wachen Beobachter missachtet und verweigert die neoliberale Ideologie soziale Verantwortung, die ihr folgende Wirtschaft beweist immer wieder und weltweit die Unfähigkeit zum Gemeinwohl.

Das Debakel um das griechische Referendum zum Euro-Rettungsplan belegt die Missachtung der Demokratie, sobald die marktbeherrschenden Kräfte dieses fordern.

Die wachsende Empörung hat somit einen guten, berechtigten Grund. Doch schon Bertolt Brecht wies darauf hin, dass „Zorn und Unzufriedenheit nicht reichen - sowas muss praktische Folgen haben".

Daher erheben wir jetzt unsere Stimme, bevor das deutsche Volk in eine von den Spekulanten einkalkulierte Schockstarre verfällt und damit endgültig unter die Herrschaft solcher Ökonomie gerät.

Ein Konzept für das „Nachher"

Wie kann es weitergehen, wenn die aktuelle oder vorhersehbare nächste Krise im Kollaps endet?

„Man kann ein Problem nicht mit den gleichen Denkstrukturen lösen, die zu seiner Entstehung beigetragen haben", schrieb Albert Einstein.

Die etablierten wissenschaftlichen, wirtschaftlichen und politischen Behaupter und Meinungsbildner sind darin überfordert, die globalisierte, konkurrenz- und wachstumsverhaftete Ideologie zu überwinden. Einen wahrhaft innovativen gesellschaftlichen Entwurf, der das Existenzrecht und die Würde des Menschen sowie den nachhaltigen Umgang mit der uns tragenden Natur ernst nimmt zugunsten einer „humanen Gesellschaft", können sie nicht denken.

Der Gegenentwurf des Regionalen Aufbruchs

„Leben ist ohne Grenzen nicht möglich", lautet das eindeutige Urteil der Wissenschaft. Die Antwort auf eine überkomplexe, undurchschaubare und zur Verantwortungslosigkeit einladende, globalisierungsfixierte Ökonomie und Politik kann daher nur im Abschied von Größen- und Allmachtsfantasien, in der Hinwendung zu Strukturen und Organisationsweisen liegen, die dem Leitbild „Small is beautyfull" folgen.

Im Sinne des Subsidiaritätsprinzips gilt die Losung „Was wir selbst können, tun wir selbst". Kreislaufwirtschaftliche Ansätze auf lokaler, regionaler und nationaler Ebene sichern ein gutes Leben und öffnen den Weg zur demokratischen und kulturellen Teilhabe aller. Überschaubarkeit und Verantwortung werden wieder erfahrbar.

Noch verfügen wir über das Wissen, die Techniken und das Können, diesen Weg zu gehen – „zurück zum menschlichen Maß".

Politik und Recht werden neu verfasst und der Wirtschaft die ihr geziemende, dienende Funktion zugewiesen mit den Maßgaben

- Vorrang der Nachhaltigkeit vor dem Profit
- Vorrang der Kooperation vor der Konkurrenz
- Vorrang der Balancen vor dem Wachstum
- Vorrang der Arbeit vor dem Kapital
- Vorrang des Gemeinwohls vor dem Eigennutz
- Vorrang des Regionalen vor dem Globalen

Eine neue Bewegung...
Kreativ und in hoher sozialer Verantwortung entwickeln Menschen in allen Regionen unseres Landes mit ihren sehr unterschiedlichen Projekten „Blaupausen einer humanen Gesellschaft".

Die große Zahl derer, die Initiative ergreifen, bezeugt die Kräfte, die unsere Gesellschaft und unser Land in eine bessere Verfassung bringen können.

Seit 2005 bietet der REGIONALE AUFBRUCH e.V. Initiatoren und Vertretern solcher Projekte eine Plattform, ihre Vorhaben zu präsentieren, Erfahrungen auszutauschen und sich miteinander zu vernetzen.

In einem nächsten Schritt gilt es, dem Gestaltungswillen politischen Ausdruck zu verleihen. Eine Bewegung zu schaffen, die die Behauptung alternativloser Politik Lügen straft.

Eine Bewegung, in der die Menschen Resignation und Lethargie abwerfen, über die Grenzen von Analysendebatten, Empörung und Wut hinausgehen, sich ihrer eigenen Erfahrungen, Kompetenzen und Visionen besinnen; sich vereinen und eine neue Politik aus der Kraft der Regionen erwirken.

...für ein neues Land

Dann kann sie wahr werden, die erneuerte Bundesrepublik

- in der über moralische Appelle nicht nur debattiert wird, sondern sozialethische Anforderungen demokratisch vereinbart und so politisch und gesellschaftlich verpflichtend werden;
- in der in kultureller Offenheit und gesellschaftlichem Dialog politische Willensbildung geschieht, globale Einwirkungen auf verträglichen Austausch zurückgeführt werden und die Men-

schen wie die Gemeinschaft als Ganzes wieder über sich selbst verfügen können;

- in der gesetzliche Regelungen sich an der demokratischen Willensbildung im Volk orientieren, unter weitestgehender Beteiligung des Volkes beschlossen und auch in partizipativer Demokratie kontrolliert werden;
- in der die Herrschaft der Ökonomie beendet wird und „Wirtschaft" ihren Platz als ein dem Gemeinwohl dienendes Element der Gesellschaft einnimmt.

Josef Hülkenberg   Joachim Sikora   Dr. Reinhard Stransfeld

Veröffentlicht am Martinstag 2011-11-11

Der Martinstag war der traditionelle Tag des Zehnten. Die Steuern wurden früher in Naturalien bezahlt, auch in Gänsen, da die bevorstehende Winterzeit das Durchfüttern der Tiere nur in einer eingeschränkten Zahl möglich machte. An diesem Tag begannen und endeten auch Dienstverhältnisse, Pacht-, Zins- und Besoldungsfristen. Landpachtverträge beziehen sich auch heute noch häufig auf „Martini" als Anfangs- und Endtermin, da der Zeitpunkt dem Anfang und Ende der natürlichen Bewirtschaftungsperiode entspricht. Der Martinstag wurde deshalb auch *Zinstag* genannt.

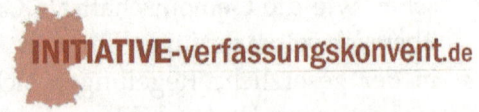

Von der Empörung zur Staatsverantwortung

Bürger-Aufbruch für eine deutsche Verfassung

Unser Land, die Bundesrepublik Deutschland, erleben wir als Bürgerinnen und Bürger in einer eigenartigen Verfassung:

- statt dem Amtseid entsprechend „des Volkes Wohl zu mehren", erschöpfen sich Parteien und Regierungen in der „Beruhigung der Märkte";
- soziale und kulturelle Errungenschaften unseres Volkes werden globaler ökonomischer Spekulation geopfert, dadurch immer mehr Bürger in prekäre Lebensverhältnisse gedrängt;
- Wir erleben, wie in unserem Namen in einem weltweiten, globalen Prozess unsere Infrastrukturen verschachert werden, Finanzdiktaturen errichtet, soziale und kulturelle Errungenschaften preisgegeben werden;
- mit dem zur Entscheidung anstehenden Europäischen Stabilitätsmechanismus (ESM) werden nicht nur astronomische Geldsummen in die Banken übertragen, sondern zugleich demokratische Rechte und Strukturen ausgehebelt.

Wir sind empört, denn wir lieben unser Land und wollen es nicht dem Raubzug der Spekulanten und Casino-Banken preisgeben.

Doch „Zorn und Unzufriedenheit reichen nicht; so etwas muss praktische Folgen haben" (Bertolt Brecht).

Wir wollen die sozialethischen Werte Solidarität und Gemeinwohl in unserem Volk fördern und sichern, sie neu als Politik und Bürger verpflichtende Staatsziele verankern.

Es ist Zeit, das seit 1949 als „Grundgesetz" geltende Provisorium endlich durch eine vom Volk in freier Entscheidung beschlossenen Verfassung abzulösen. Dazu fordert uns der Art.146 dieses Grundgesetzes auf.

Solche Verfassung kann aber erst dann vom Volk getragen und mit Leben erfüllt werden, wenn sie in einem breiten, jedem Bürger zugänglichen Dialogprozess entwickelt wird.

Zu einem solchen breiten Dialog rufen wir unsere Mitbürgerinnen und Mitbürger auf:

- sprechen Sie mit Ihren Freundinnen und Freunden, Familien, Nachbarn, Kolleginnen und Kollegen über Vorstellungen von einer solidarischen, am Gemeinwohl orientierten Gesellschaft;
- bilden Sie Gesprächsgruppen, um Vorschläge für die Rahmenbedingungen solch einer Gesellschaft zu entwickeln;
- bringen Sie sich in den als Bürgerdialog angelegten Verfassungskonvent ein

- sind Sie bereits politisch, sozial oder kulturell engagiert, um zum Gemeinwohl beizutragen, dann prüfen Sie bitte mit Ihren Mitstreitenden, welche Rahmenbedingungen Ihr Anliegen behindern und wie förderliche Regelungen aussehen könnten;
- bitte bringen Sie sich, Ihre Anliegen und Anregungen in den Verfassungskonvent ein.

Als Bürgerinnen und Bürger dieser Bundesrepublik wollen wir mit der „Initiative Verfassungskonvent" eine Bürgerbewegung anstoßen. Unser Ziel ist eine Verfassung, die Solidarität, Gerechtigkeit und Gemeinwohl garantiert.

Art 146 GG: „Dieses Grundgesetz, das nach Vollendung der Einheit und Freiheit Deutschlands für das gesamte deutsche Volk gilt, verliert seine Gültigkeit an dem Tage, an dem eine Verfassung in Kraft tritt, die von dem deutschen Volke in freier Entscheidung beschlossen worden ist."

Erstunterzeicher: Hermann-Julius Bischoff, Schwäbisch-Hall; Udo Blum, Schmitten; Petra Bröscher, Selm; Ulrike Brüne-Rottner, Hilden; Otmar Donnenberg, Weil am Rhein; Dr. Walther Enßlin, Hilden; Theo Göbel, Selm; Dr. Walter Häcker, Winterbach; Josef Hülkenberg, Köln; Prof. Dr. Margrit Kennedy, Steierberg; Annette Kohlmey, Bonn; Dr. Anne Meurer; Dr. Dieter Petschow, Langerdrehe; Claus Plantiko, Lüdenscheid; Brigitte Sandner, Winnemark; Joachim Sikora, Troisdorf; Angela Trimper, Hamburg

Bad Honnef, Ostern 2012

Zum Autor

Josef Hülkenberg, Dipl.-Sozialpädagoge, (*1951, Bocholt/Westf.) geht einen ungewöhnlichen Weg, Menschen zu ihren Visionen, gesellschaftlichen Vorstellungen oder Lösungen zu befragen und zu ermuntern.

Sein Haus in Köln hat er verkauft, den Hausrat verschenkt. Auf „Demokratie-Pilgerwegen" zog er 2007 und 2009 durch Deutschland, lädt ein zum sozialethischen Dialog und setzt unauffällig Impulse für demokratische Reflexionen und Weiterentwicklungen.

In Deutschland, der Schweiz und Österreich unterwegs mit der *denk!BAR*®**mobil** hält er Seminare und Vorträge, moderiert Tagungen, besucht regionale Projekte und führt Gespräche mit den Bürgern vor Ort.

Seit der Lehrzeit als Feinmechaniker und dem Engagement in der Christlichen Arbeiterjugend-CAJ engagiert er sich in Projekten und Organisationen, um zu mehr Humanität, Solidarität und Gerechtigkeit in der Gesellschaft beizutragen.

Als Initiator und Leiter von Beschäftigungsmaßnahmen für arbeitslose Mitmenschen, als Mitarbeitersprecher in der Regional-KODA-NW, in Vorstandsmandaten katholischer Verbände und

Organisationen, als Vorsitzender der Sachausschüsse „Kirche und Arbeitswelt" und „Kirche – Staat – Gesellschaft" im Diözesanrat Kölner Katholiken setzte er nachhaltige Impulse für ein modernes Laienapostolat auf Augenhöhe. Im Auftrag des Kölner Diözesanrates berät und begleitet er Pfarrgemeinderäte in ihrer Arbeit.

Hülkenberg ist freiberuflicher Erwachsenenbildner mit dem Schwerpunkt politisch-sozialer Bildung. Er war Mitbegründer des „Regionalen Aufbruch" und bis März 2016 Mit-Koordinator der „Initiative Verfassungskonvent". Der Autor gehört zur deutschen Arbeitsgruppe des WORLD FUTURE COUNCIL. Er setzt sich seit Jahren mit den Grundfragen moderner Demokratie auseinander..

Den vielfachen Analysen misslicher und ungewollter Zustände setzt er den Blick auf die Möglichkeiten ethischer und kultureller Neuorientierung entgegen. Seine Erfahrungen bringt er auf den Nenner:

+* Positives multiplizieren – und Leben gewinnt

www.huelkenberg.de
www.denkbar-mobil.de

Literatur zur Vertiefung

Es ließe sich eine lange Liste aufstellen. Die folgenden Bücher machen Lust auf mehr.

Felber, Christian
Die Gemeinwohl-Ökonomie, 2010, Deuticke Wien, ISBN 978-3-552-06137-8

Heinrichs, Johannes
Revolution aus Geist und Liebe, 2007, Steno-Verlag, München ISBN 978-954-449-316-5
(R)Evolution der Demokratie, 2003, Maas-Verlag, Berlin ISBN 3-929010-92-5

Kleinhappl, Johannes
Analysen, Essays und Fragmente aus dem Nachlass 5 Bände hrsg. Von Ernst von Loen Tyrolia-Verlag, Wien

Kohr, Leopold
„Die Lehre vom rechten Maß" 2006, Otto Müller Verlag, Salzburg, ISBN 3-7013-1116-1

Klein, Naomi
Die Schockstrategie, 2009, S. Fischer Verlag, Frankfurt ISBN 978-3-596-17407-2

Scheub, Ute/Kuschel, Yvonne
Beschissatlas, 2012,Ludwig-Verlag, München ISBN 978-3-453-28037-3

Rügemer, Werner
Rating-Agenturen, 2012, transcript Verlag, Bielefeld ISBN 978-3-8376-1977-5

Vom Autor ist weiter erschienen:

Paperback

978-3-7439-2734-6

12,00 €

Hardcover

978-3-7439-2736-0

18,99 €

e-Book

978-3-7439-2735-3

5,99 €

2012
Neuauflage 2017

Abschied vom betreuten Denken

Laienapostolat auf Augenhöhe

 Wirksame Kräfte werden in Kirche, Staat und Gesellschaft vergeudet, um von den Nutznießern vorherrschender Strukturen „Reformen" zu verlangen.
Der Diplom-Sozialpädagoge Josef Hülkenberg, Jahrgang 1951, folgt der sozialphilosophischen Reflexionslogik und engagiert sich darin, Reflexionsprozesse zu fördern, durch die das zwischenmenschliche Handeln der Beteiligten neue Impulse und Ausrichtungen erfährt.

Paperback

978-3-7439-2743-8

9,99 €

Hardcover

978-3-7439-2744-5

16,99 €

e-Book

978-3-7439-2745-2

4,99 €

2012
Neuauflage 2017

Frei zu lieben

Überladen mit Problemen torkelt unsere Welt durch Raum und Zeit. Missliche Zustände reizen zu Zorn und Empörung. Doch wir haben die Wahl, wie wir der Welt begegnen.

Für Hülkenberg hat die Entscheidung zur Liebe nichts mit kuscheliger Sozialromantik oder Konflikte verdrängender Harmoniesucht zu tun.

Seine Reflexionen, Impulse und Geschichten verweisen auf Grundentscheidungen zur Personenwürde und deren Konsequenzen im zwischenmensch-lichen und gesellschaftlichen Handeln

Hardcover

978-3-8491-1978-2

€ 19,00

Erschienen 2012

"Plötzlich und unerwartet"

Eine Formel, die nur erahnen lässt, welche Reaktionen, Ängste und Fragen ein plötzlicher, unerwarteter Tod auslöst. Die Fragwürdigkeit um diesen Tod sollten geklärt werden.

Das versprach der Witwer den Trauergästen. Es dauerte fast 10 Jahre, dass die Ergebnisse dieser Klärung vorlagen. Das Kölner Landgericht hat im Urteil vom 30. September 2009 bestätigt: **Der Tod Helga Hülkenbergs am 09. Juni 2000 war Folge grobfahrlässigen Handelns des behandelnden Internisten.**

Was damals geschah und wie es juristisch aufgearbeitet wurde, dokumentierte der Kläger im **"Protokoll eines vermeidbaren Todes"**.

Noch immer gehört eine erfolgreiche Arzthaftungsklage zu den Ausnahmen vor deutschen Gerichten.

So bietet das Protokoll auch ein Lehrstück deutscher Rechtsfindung und macht denen Mut, die auf dem Rechtsweg Gerechtigkeit suchen.

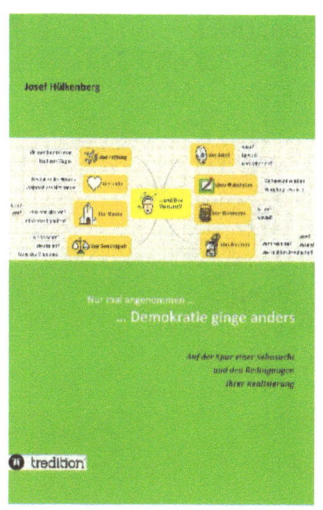

Paperback

978-3-7345-3269-6

14,99 €

Hardcover

978-3-7345-3270-2

23,99 €

e-Book

978-3-7345-3271-9

8,99 €

2015, Neuauflage 2016

Nur mal angenommen ... ... Demokratie ginge anders

Auf der Spur einer Sehnsucht und den Bedingungen ihrer Realisierung

Welche Urkraft bricht sich Bahn, wenn sich Menschen massenhaft für Volksabstimmungen, Bürgerbeteiligungen und partizipative Demokratie engagieren? Es ist eine Herausforderung an jede Demokratiereform, die Selbstregulation der Gesellschaft freier Menschen sowie den dazu förderlichen Aufbau des Staates in diesen Kompetenzen der Bürger und der dadurch ausgelösten gesellschaftlichen Dynamik zu verankern.

Mit leichter, oft humorvoller Sprache führt der Autor die Leser ein in die abenteuerliche Welt der Demokratiereform

Paperback:
978-3-7323-6861-7
€ 8,99

Hardcover:
978-3-7323-6862-4
€ 14,99

e-**Book**:
978-3-7345-3077-7
€ 4,99

2016

Der Würde wegen

Ein Zwischenbericht zur Initiative Verfassungs-
konvent
Mit Beiträgen von Ute Behrens, Hamburg,
Ralph Boes, Berlin
Dr. Hans-Jochen Gscheidmeyer, Bremen
Heiko Lietz, Schwerin

Über tredition

Der tredition Verlag wurde 2006 in Hamburg gegründet. Seitdem hat tredition Hunderte von Büchern veröffentlicht. Autoren können in wenigen leichten Schritten print-Books, e-Books und audio-Books publizieren. Der Verlag hat das Ziel, die beste und fairste Veröffentlichungsmöglichkeit für Autoren zu bieten.

tredition wurde mit der Erkenntnis gegründet, dass nur etwa jedes 200. bei Verlagen eingereichte Manuskript veröffentlicht wird. Dabei hat jedes Buch seinen Markt, also seine Leser. tredition sorgt dafür, dass für jedes Buch die Leserschaft auch erreicht wird

Autoren können das einzigartige Literatur-Netzwerk von tredition nutzen. Hier bieten zahlreiche Literatur-Partner (das sind Lektoren, Übersetzer, Hörbuchsprecher und Illustratoren) ihre Dienstleistung an, um Manuskripte zu verbessern oder die Vielfalt zu erhöhen. Autoren vereinbaren unabhängig von tredition mit Literatur-Partnern die Konditionen ihrer Zusammenarbeit und können gemeinsam am Erfolg des Buches partizipieren.

Das gesamte Verlagsprogramm von tredition ist bei allen stationären Buchhandlungen und Online-Buchhändlern wie z. B. Amazon erhältlich. e-Books stehen bei den führenden Online-Portalen (z. B. iBook-Store von Apple) zum Verkauf.

Seit 2009 bietet tredition sein Verlagskonzept auch als sogenanntes "White-Label" an. Das bedeutet, dass andere Personen oder Institutionen risikofrei und unkompliziert selbst zum Herausgeber von Bücher und Buchreihen unter eigener Marke werden können.

Mittlerweile zählen zahlreiche renommierte Unternehmen, Zeitschriften-, Zeitungs- und Buchverlage, Universitäten, Forschungseinrichtungen, Unternehmensberatungen zu den Kunden von tredition. Unter www.tredition-corporate.de bietet tredition vielfältige weitere Verlagsleistungen speziell für Geschäftskunden an.

tredition wurde mit mehreren Innovationspreisen ausgezeichnet, u. a. Webfuture Award und Innovationspreis der Buch-Digitale.

tredition ist Mitglied im Börsenverein des Deutschen Buchhandels.

FSC
www.fsc.org

MIX

Papier | Fördert
gute Waldnutzung

FSC® C083411

Zeitfracht Medien GmbH
Ferdinand-Jühlke-Straße 7
99095 Erfurt, Deutschland
produktsicherheit@kolibri360.de